ଚିନ୍ତା ଚେତନାର ସ୍ୱର

ଚିନ୍ତା ଚେତନାର ସ୍ୱର

(କବିତା ସଙ୍କଳନ)

ଡକ୍ଟର ବିଜ୍ଞାନୀ ଦାସ

ବ୍ଲାକ୍ ଈଗଲ୍ ବୁକ୍ସ

ଭୁବନେଶ୍ୱର, ଓଡ଼ିଶା

BLACK EAGLE BOOKS

Dublin, USA

ଚିନ୍ତା ଚେତନାର ସ୍ୱର / ଡକ୍ଟର ବିଜ୍ଞାନୀ ଦାସ

ବ୍ଲାକ୍ ଇଗଲ୍ ବୁକ୍ସ : ଭୁବନେଶ୍ୱର, ଓଡ଼ିଶା • ଡ଼ବଲିନ୍, ଯୁକ୍ତରାଷ୍ଟ୍ର ଆମେରିକା

BLACK EAGLE BOOKS

USA address:
7464 Wisdom Lane
Dublin, OH 43016

India address:
E/312, Trident Galaxy, Kalinga Nagar,
Bhubaneswar-751003, Odisha, India

E-mail: info@blackeaglebooks.org
Website: www.blackeaglebooks.org

First International Edition Published by
BLACK EAGLE BOOKS, 2024

CHINTA CHETANARA SWARA
(The voice of thoughts and conscience)
by **Dr Bigyani Das**

Copyright © **Dr Bigyani Das**

All rights reserved. No part of this publication may be reproduced, stored in a retrieval system, or transmitted, in any form or by any means, electronic, mechanical, photocopying, recording or otherwise without the prior permission of the publisher.

Cover & Interior Design: Ezy's Publication

ISBN- 978-1-64560-746-5 (Paperback)

Printed in the United States of America

ଯିଏ ଉଚ୍ଚଶିକ୍ଷା ପାଇଁ ପ୍ରେରଣା ଦେଇ, ଗଣିତରେ ଗବେଷଣା କରିବା ପାଇଁ ଉତ୍ସାହର ଦୀପ ଜାଳିଦେଇଥିଲେ ଓ ସେଇ ଲକ୍ଷ୍ୟ ନିମନ୍ତେ ସମସ୍ତ ସଂଘର୍ଷର ସମ୍ମୁଖୀନ ହେବା ପାଇଁ ମନଭିତରେ ସାହସ ଭରିଦେଇଥିଲେ, ସେଇ ମାର୍ଗଦର୍ଶକ ପିତୃତୁଲ୍ୟ ପୂଜ୍ୟ ଗଣିତ ପ୍ରଫେସର ଗୋକୁଳାନନ୍ଦ ଦାସଙ୍କ ସ୍ମୃତିରେ ମୁଁ ମୋର ଏ କବିତା ପୁସ୍ତକ 'ଚିନ୍ତା ଚେତନାର ସ୍ୱର' ଉତ୍ସର୍ଗ କରୁଛି ।

ଚିନ୍ତା ଚେତନାର ସ୍ୱର

ଜୀବନରେ ଅନେକ କିଛି ଅନୁଭବ ଆସେ। କେବେକେବେ ଖୁସିର ଅନୁଭବ ତ କେବେକେବେ ଦୁଃଖର ଅନୁଭବ। କିଛି ଅନୁଭବ ଅନେକ ସମୟରେ ମନରେ କେବଳ ସ୍ମୃତି ହୋଇ ରହିଯାଆନ୍ତି। ଆଉ କେତେକ ଅନୁଭବ, ନିଜକୁ ପ୍ରତି ମୂହୁର୍ତ୍ତରେ ବିଚଳିତ କରନ୍ତି। ଯେଉଁ ଅନୁଭବ ସହିତ ଭାବପ୍ରବଣତା ସଂଯୁକ୍ତ ରହିଥାଏ, ଯେଉଁ ସବୁ ଅନୁଭବକୁ ଅଜାଗା ଘା' ଭଳି ଅନ୍ୟ କାହା ଆଗରେ କହି ହୁଏନି, ସେ ଅନୁଭବ ସମସ୍ତ ମନକୁ ସଦା ଆନ୍ଦୋଳିତ କରି ରଖନ୍ତି। ସେମାନେ ଶବ୍ଦ ସୃଷ୍ଟି କରନ୍ତି, ଶବ୍ଦକୁ ଖଞ୍ଜି ଦେଇ ବାକ୍ୟ ସୃଷ୍ଟି କରନ୍ତି ଓ ବେଳେବେଳେ ଗୀତ ଖଞ୍ଜି ସ୍ୱର ବି ଦିଅନ୍ତି। ସେତେବେଳେ ମନ ଅସ୍ଥିର ହୁଏ। ସେସବୁ ଅନୁଭବକୁ ଲେଖି ନ ପକାଇବା ପର୍ଯ୍ୟନ୍ତ ମନ ଆନ୍ଦୋଳିତ ରହୁଥାଏ, କିନ୍ତୁ ଲେଖି ସାରିବା ପରେ ପ୍ରଶାନ୍ତି ଆସେ, ମନ ସ୍ଥିର ହୁଏ। ଦୈନନ୍ଦିନ ଜୀବନର ଅନ୍ୟ ସବୁ ଦାୟିତ୍ୱ ଉପରେ ମନୋନିବେଶ କରିବାକୁ ସମୟ ମିଳେ।

ଏମିତି ଅନେକ ଘଟଣା ମୋ ଜୀବନରେ ଘଟିଛି, ଯାହାକୁ ମୁଁ କାହା ଆଗରେ ମନ ଖୋଲି କହିପାରିନି କି କହିପାରିବିନି ମଧ୍ୟ। ଯେତେ ଅନ୍ତରଙ୍ଗ ସାଙ୍ଗ ହେଉ କି ନା, ଏମିତି କି ନିଜ ପ୍ରିୟଜନ ମାନଙ୍କ ଆଗରେ ବି ସବୁକଥା ମନ ଖୋଲି କହିହୁଏନି। କିନ୍ତୁ ସବୁ ଅନୁଭବକୁ ଲେଖି ହୁଏ। କାହାଣୀରେ ହେଉ କି କବିତାରେ ହେଉ, ରଚନାରେ ହେଉ କି ଗୀତରେ ହେଉ, ସେସବୁ ଅନୁଭୂତି ମାନଙ୍କୁ ଲେଖାରେ ପ୍ରକାଶ କରିଦେବା ପରେ ମନ ମୋର ହାଲୁକା ହୋଇଯାଏ। ଓଡିଆ ପ୍ରବାଦରେ ଅଛି, "କହିଦେଇଥିବା କଥା କି ଢାଳି ଦେଇଥିବା ପାଣିକୁ ଆଉ ଫେରେଇ ହୁଏନି।'' ସେଇଟା ଶତକଡା ଶହେ ଭାଗ ସତ। ଭାବପ୍ରବଣତାରେ ଅନେକ କଥା ମୁଁ କହିଦେଇଛି, ଯେଉଁଥିପାଇଁ ପରମୂହୂର୍ତ୍ତରେ ଅନୁତାପ କରିଛି। ସେଇ ସବୁ ଭୁଲ୍‌ରୁ ଏବେ ମୁଁ ଅନେକ କିଛି ଶିଖିଗଲିଣି। ସଂଘର୍ଷମୟ ପରିସ୍ଥିତିରେ ମନ ସ୍ଥିର କରି ରଖିବା ଓ ଭାବପ୍ରବଣତାରେ ଭାସି ନଯିବାର ନିୟନ୍ତ୍ରଣ ମୋର କେତେକାଂଶରେ ଆସିଗଲାଣି। ହେଲେବି ସେସବୁ ଭାବପ୍ରବଣତା

ଯେ ସରିଯାଏ ସେମିତି ନୁହେଁ। ସେସବୁ ମନକୁ ଅଥୟ କରେ। କିନ୍ତୁ ସେସବୁକୁ ଲେଖି ହୁଏ। କଳ୍ପନାର ଚରିତ୍ର ସୃଷ୍ଟି କରି ସେସବୁକୁ କାହାଣୀ କରିହୁଏ, କବିତା କରିହୁଏ। "ମୋର ଭୁଲ୍ ନଥାଇ ମଧ୍ୟ ମୁଁ କାହିଁକି ଦଣ୍ଡ ପାଇଲି ? ମୋର ଏତେ ଚେଷ୍ଟା ସତ୍ତ୍ୱେ ବି ମୋର ସମସ୍ତ ପରିଶ୍ରମର ଏମିତି ଦୟନୀୟ ପରିଣତି କାହିଁକି ହେଲା ? ଲୋକମାନେ ଏମିତି କେମିତି ନିଷ୍ଠୁର ହୋଇପାରିଲେ ? ସେମାନେ କେମିତି ମିଛ କହି ନିସ୍ତାର ପାଇଗଲେ ? ସିଏ ଜଣେ ନିମ୍ନ ପାହ୍ୟାରେ ଚାକିରି କରି କେମିତି କୋଟିକୋଟି ଟଙ୍କାର ମାଲିକ ହୋଇଗଲେ ? ଏତେ କମ୍ ପରିଶ୍ରମ କରି ମଧ୍ୟ ସିଏ କେମିତି ପଦୋନ୍ନତି ପାଇଲେ ? ରୁଷିଆ କାହିଁକି ନିଜ ଉପରେ ଧ୍ୟାନ ନଦେଇ ୟୁକ୍ରେନ ପଛରେ ପଡିଛି ? ଭାରତ, ପାକିସ୍ଥାନ ମଧ୍ୟରେ କଣ କେବେ ବି ସୁସଂପର୍କ ସ୍ଥାପିତ ହୋଇପାରିବନି ? ସେ ଧଳା ପୋଲିସ୍ କଣ ପାଇଁ ଏତେ ନୃଶଂସ ଭାବେ ସେ କଳା ଲୋକଟିକୁ ମାରି ପକେଇଲେ ?'' ଏମିତି ହଜାର ହଜାର ପ୍ରଶ୍ନ, କେତେକ ନିଜ ପାଇଁ, କେତେକ ଅନ୍ୟମାନଙ୍କ ପାଇଁ, କେତେକ ସମାଜ ପାଇଁ, ଆଉ କେତେକ ପରିବେଶ ଓ ପରିସ୍ଥିତିର ଭୟାବହତା ପାଇଁ, ହୃଦୟକୁ ଅଶାନ୍ତ କରେ, ନିଜର ଚିନ୍ତା ଓ ଚେତନାକୁ ତ୍ୱରାନ୍ୱିତ କରାଏ ଓ ଭାବନାକୁ ସଂଯୁକ୍ତ କରି ରଖେ।

ସେସବୁ ପ୍ରଶ୍ନ ମନରେ ଜାଗ୍ରତ ହେଲେ, ମନ ଉତ୍ତର ଖୋଜିହୁଏ। ସମାଧାନ ଖୋଜିହୁଏ। କିଛି ସମାଧାନ ନିଜ ଅଭିଜ୍ଞତାରୁ ମିଳେ। କିଛି ସମାଧାନ ପ୍ରଶ୍ନବାଚୀ ହୋଇ ରହିଯାଏ। ତେବେ ସେସବୁ ଚିନ୍ତା ଓ ଚେତନାର ସ୍ୱର ଯେତେବେଳେ ମୋ ଭିତରୁ ବାହାରି ବାକ୍ୟ ଆକାରରେ, ସ୍ୱର ଆକାରରେ, କଥା ଆକାରରେ ଆଉ କାହା ନିକଟରେ ପହଞ୍ଚେ, ସେତେବେଳେ ମୋର ଅସ୍ଥିରତା କମିଯାଏ। ଅନ୍ୟର ଚିନ୍ତନରେ ହୁଏତ ମୋ ଚିନ୍ତନର ସ୍ୱର ମିଶିଯାଇ ଏକ ଉତ୍ତମ ସମାଧାନର ମାର୍ଗ ଦେଖେଇପାରିବ। ସେଇ ବିଶ୍ୱାସରେ ମୁଁ ମୋ ଚିନ୍ତା, ଚେତନାର ସ୍ୱରକୁ ସମ୍ମାନ ଦିଏ ଓ ଶୁଣେ। ତାହା ମୋତେ ମୋ ନିଜ ସହିତ ସମନ୍ୱୟରେ ରଖେ ଓ ଅନ୍ୟମାନଙ୍କ ସହିତ ଏକ ଗଭୀର ସଂଯୋଗ ସ୍ଥାପନ କରିବାରେ ସାହାଯ୍ୟ କରେ।

ମୋ ଭିତରର ଚିନ୍ତା, ଚେତନାର ସ୍ୱରକୁ ଶୁଣି ରଚନା କରିଥିବା କିଛି କବିତାକୁ ନେଇ ମୁଁ ଏ କବିତା ପୁସ୍ତକଟିରେ ମାଳାଟିଏ ଗୁନ୍ଥିଛି। ଆଶା, ମୋର ଏ ମାଳାଟି ପାଠକ, ପାଠିକା ମାନଙ୍କର ହୃଦୟକୁ ଛୁଇଁପାରିବ।

ଡକ୍ଟର ବିଜ୍ଞାନୀ ଦାସ

ଡେଟନ୍, ମେରୀଲାଣ୍ଡ

ଅଗଷ୍ଟ ୨୮, ୨୦୨୫

ସୂଚୀ

ଭକ୍ତି

ଚିନ୍ତା ଚେତନାର ସ୍ୱର ୧୩
ତୁମେ ସଦା ରୁହ ମୋର ଚିତ୍ତରେ ୧୫
ତୁମେ ମୋର ବନ୍ଧୁ ଏକା, ଆଉ ଆନ ନାହିଁ ୧୭
ହେ ଜଗନ୍ନାଥ, ତୁମ ଚରଣ ତଳେ ୧୯
କହଲୋ ସଜନୀ କାହିଁକି ? ୨୧
ଶ୍ୟାମ ମୁରଲୀ ୨୨
ଶ୍ୟାମ ତୁମ ରଙ୍ଗରେ ୨୪
ସେଇ ଏକା ବନ୍ଧୁ କାଳିଆ ଠାକୁର ୨୫
ଈଶ୍ୱର କରନ୍ତି ଯାହା, ପ୍ରାଣୀର ମଙ୍ଗଳ ପାଇଁ ୨୭
ଏ ଜୀବନ ତୁମ ଅପୂର୍ବ ଦାନ ୨୮

କୃତଜ୍ଞତା

କୃତଜ୍ଞତାର ହିସାବ ନିକାଶ ୩୦
ତୁମେ ମୋର ଅତି ପ୍ରିୟ ବନ୍ଧୁ ୩୨
ତୁମେ ହିଁ ସର୍ବୋତ୍ତମ ୩୪
ଦୁର୍ଗମ ପଥେ ୩୬
ଧନ୍ୟ ତୁମେ ବନ୍ଧୁ, ଧନ୍ୟ ତୁମ ବନ୍ଧୁତା ପଣ ୩୯
ବନ୍ଧୁତା ତୁମର ବିପଣୀ ଆମର ୪୦
ମିତ୍ରତା ରତ୍ନ ୪୨
ସମୟର ଉପହାର ୪୪

ପ୍ରେମ

ଆଜି ବି ତୁମକୁ ମୁଁ ଭଲପାଏ, ହୃଦ ଭରି ୪୬
ଆଜି ବି ଲାଗେ ସେମିତି, ଛନଛନ, କନକନ ମନ ୪୯

ଏ ମାହେନ୍ଦ୍ର ବେଳା	୫୧
କେଉଁ ଏକ ସୁନ୍ଦର ବେଳାରେ	୫୩
କେତେ ଯେ ମାଦକ ତୁମ ଛୁଆଁରେ	୫୪
ତୁମ ପାଇଁ	୫୫
ପୂରିଗଲା ସେ ତୁମ ପ୍ରେମରେ	୫୭
ପ୍ରେମର ଏ, ନୂତନ ରଙ୍ଗ	୬୦
ବଖାଣିବି କିବା	୬୨
ବନ୍ଧା ଆଜି ମୁହିଁ ମୋ ମନରେ	୬୩
ଚିତ୍ତ ଚିନ୍ତନରେ ମୋର	୬୫
ଭଲଲାଗେ, ଭଲଲାଗେ, ତୁମକୁ ଭଲ ପାଇବାକୁ	୬୭
ମନେ ମାନିନେଲି	୬୯
ମୁଁ ତୁମ ପ୍ରିୟତମା ବୋଲି	୭୧
ସାଥୀରେ, ସାଥୀରେ, ତୁମ ପାଇଁ ମୋର ଅନୁରାଗ	୭୪

ଶୋଚନା

ଇଚ୍ଛା ହୁଏ	୭୫
ଏବେ ତାକୁ ସବୁ ଛାଡିଦେ	୭୭
କିଛି ପ୍ରେମ କିଛି ସୁଖ	୭୯
କୁହୁଳୁଛି ନିଆଁ	୮୩
କେତେ ଯେ କବିତା	୮୫
ଖୁସି ରୁହ	୮୮
ଛୋଟଛୋଟ ଯେତେ ସବୁ	୯୧
ମଞ୍ଚ ନାୟିକା	୯୪
ଦେହସୁହା	୯୬
ପ୍ରଚେଷ୍ଟା	୯୮
ପ୍ରଲୋଭନ	୧୦୦
ସଂଯୋଗ	୧୦୨
ସପନ ମୋର	୧୦୪
ସମୟ ସଙ୍କଟ	୧୦୬
ସମୟର ହାତ	୧୦୯

ଶ୍ରଦ୍ଧା

ଇଲାର ସ୍ମୃତିରେ	୧୧୧
ଓଡିଶା ଭୂମିକୁ ନମେଃ	୧୧୩
ବିଦ୍ୟା ମହାଧନ, ବାଣ୍ଟିବି ସଂସାରେ ତୁମକୁ ସ୍ମରଣ କରି	୧୧୫
କର ଓଡିଶାର ଜୟଗାନ	୧୧୭
ଜନନୀ, ଜନନୀ, ଜନନୀ ତୁ ପୂଣ୍ୟ ମାତୃଭୂମି	୧୧୯
ଜୀବନଟା ଚାଲିଯିବା ପରେ	୧୨୧
ଶ୍ରଦ୍ଧାଞ୍ଜଳି	୧୨୪
ପୁଣ୍ୟ ଓଡ଼ିଶା ଭୂଇଁ	୧୨୬
ସମୟର ବଳ ଆଗେ କେହି ନୁହେଁ ସରି	୧୨୮
ସେଇ ଓସା ଆମ, ଖୁସି ଆଶା ଆମ	୧୩୦
ସ୍ୱାଭିମାନ	୧୩୩

ଶୁଭକାମନା

କହିବାକୁ ମନ ହୁଏ ବହୁତ କିଛି	୧୩୫
ଆସିଛି ନୂଆ ବରଷ, ସପନ ରଙ୍ଗ ବୁଣି	୧୩୭
ଏ ନୂଆ ବରଷେ ହେଉ ସର୍ବ ଶୁଭ ମଙ୍ଗଳ	୧୩୯
ତୁମପାଇଁ ଏ ବରଷ ହେଉ ସରସ, ସୁରଭିତ	୧୪୧
ନୂଆ ବରଷ ଆସିଛି ଆଜି ନୂଆ ସପନ ନେଇ	୧୪୩
ନୂଆ ବରଷ, ଖୁସିରେ ବିତୁ, ନୂଆ ଆଶା ସପନେ	୧୪୫
ନୂଆ ବରଷର ଆଶା	୧୪୭
ନୂତନତାର ପୁଲକରେ	୧୪୯
ବନ୍ଧାଉଛି ନବବର୍ଷେ ପକାଉଛି ହୁଳହୁଳି	୧୫୧
ସମୟ ସନ୍ଦେଶ	୧୫୩
ହର୍ଷିତ ନୂଆବର୍ଷ	୧୫୫

ମମତା

ନୟନେ ନିଦ ଆସେ ଭରି, ମୋ ଧନର	୧୫୭
ଅଂଶଟିଏ ମୋର	୧୫୮
ତୁ ମୋ ଆଖିର ତାରା	୧୬୦
ଚିକିମିକି ଦରୋଟି ହସରେ ତୋର	୧୬୨

ଭକ୍ତି

ଚିନ୍ତା ଚେତନାର ସ୍ୱର

ଚିନ୍ତା ଚେତନାରେ ମୋର
ପ୍ରତି ଅନୁକୋଣେ ବ୍ୟାପିଅଛ ତୁମେ
ସବୁଠି ତୁମର ସ୍ୱର ।

ଆତ୍ମା ହୋଇ ତୁମେ, ବିରାଜିତ ହୃଦେ
କରାଅ ମାର୍ଗଦର୍ଶନ
ଆପଦବିପଦ କିବା ପରମାଦ
ସବୁଠି ଦିଅ ପ୍ରମାଣ ।୧ ।

ହୃଦୟରେ ଯେବେ ଭରେ ଅନୁଗ୍ରହ
ଅନୁରାଗ, ପ୍ରେମ ଭାବ
ପ୍ରତି ଶବ୍ଦ ମଧ୍ୟେ ହୋଇ ବିରାଜିତ
ଚଳାଅ ମୋର ସ୍ୱଭାବ ।୨ ।

ଅବାଟରେ ଯେବେ ପଡିଯାଏ ପାଦ
ଅଜାଣତେ ଅନୁକ୍ଷଣେ
ଅନ୍ଧାରରେ ହୋଇଯାଏ ବାଟବଣା
ତୁମେ ଆସିଯାଅ ମନେ ।୩ ।

ଆଲୋକରେ ଦୀପ୍ତ ହୁଏ ଚଲାପଥ
ଭୟ ରହିଯାଏ ଦୂରେ
ତୁମ ପ୍ରେମମୟ ମମତାର ହାତ
ରହିଥାଏ ମୋର ଶିରେ ।୪ ।

ପ୍ରତି ଅନୁଭବ ସଜାଇବା ପାଇଁ
ଶବ୍ଦ ତୁମେ ଖଞ୍ଜି ଦିଅ
ଆଲିଙ୍ଗନ କରି ସବୁ ଅନୁଭୂତି
ବାକ୍ୟ ଗଢିବାକୁ କୁହ ।୫ ।

ପରିସ୍ଥିତି କେବେ ଛିଡା କରେ ନେଇ
ସଂଗ୍ରାମର କେନ୍ଦ୍ର ସ୍ଥଳେ
ଶତ ଅସୀଘାତ, ସହିବାକୁ ପଡେ
ହୃଦରୁ ରୁଧୀର ଝରେ ।୬ ।

ଯୋଦ୍ଧା ହୋଇ ଯୁଦ୍ଧେ ଲଢିବାକୁ ତୁମେ
ସଞ୍ଚରି ଅଜେୟ ଶକ୍ତି
ତୀକ୍ଷ୍ଣ ବୁଦ୍ଧିମତ୍ତା କୌଶଳ ଶିଖାଇ
ଦୂରୀଭୂତ କର ଭୀତି ।୭ ।

ତୁମେ ମୋ ବିଶ୍ୱାସ, ତୁମେ ଅଛ ଯେଣୁ
ମୋ ଆତ୍ମା ମଧ୍ୟେ ବିରାଜି
ସଂସାର ଜଞ୍ଜାଳ, ଡରାଇ ପାରେନି
ତୁମେ ବସ ଆଶା ସାଜି ।୮ ।

ସେହି ଆଶା ବଳେ, ସଦା ଦିବ୍ୟଜ୍ଞାନ
ସଳିତା ଜଳି ରୁହଇ
ଦୁର୍ଦ୍ଦିନର ଝଡ, ବତାସ, ତାହାକୁ
ଲିଭାଇ ପାରନ୍ତି ନାହିଁ ।୯ ।

ଚିନ୍ତା ଚେତନାରେ ତୁମେ ତ ଛାଇଛ
ତୁମେ ମୋର ଶବ୍ଦ, ସ୍ୱର
ଯାହା ମୁଁ କହଇ, ଯାହା ମୁଁ କରଇ
ସେସବୁ ଭାବ ତୁମର ।୧୦ ।

ତୁମେ ସଦା ରୁହ ମୋର ଚିତ୍ତରେ

ତୁମେ ସଦା ରୁହ ମୋର ଚିତ୍ତରେ
ମୋର ଚିନ୍ତା ଚେତନାରେ
ତରିଯିବି ମୁଁ ଏ ଭବ ବନ୍ଧନୁ
ତୁମ ଭାବ, ଭାବନାରେ
ତୁମେ ସଦା ରୁହ ମୋର ଚିତ୍ତରେ
ମୋର ଚିନ୍ତା ଚେତନାରେ .... ।ପଦା

ତୁମ ଛଡା ବନ୍ଧୁ ମୋର ଆନ ନାହିଁ କେହି
ସୁଖରେ ଦୁଃଖରେ ସଦା ପାଶେ ଥାଅ ରହି
ଲୁହ ଝରିଗଲେ ସୁଖ ସୁମନ
ଫୁଟେ ତୁମ ମହିମାରେ ।୧ ।

ଅନନ୍ତ ଅପାର, କରୁଣା ତୁମର ସାଇଁ
ତୁମ ଲୀଳା, ଖେଳା, ମୁହିଁ ବୁଝିପାରେ ନାହିଁ
କରେ ଅନୁଭବ ତୁମ ଅସ୍ତିତ୍ୱ
ତୁମ ପ୍ରତି ରଚନାରେ ।୨ ।

ପରମାତ୍ମା ତୁମେ ରୁହ, ଆତ୍ମା ରୂପ ନେଇ
ସବୁ ଅନୁଭବ ତେଣୁ, ତୁମର ଗୋସାଇଁ
ତୁମେ ମୋ ସମସ୍ତ, ଭାବ ତରଙ୍ଗ
ଏ ଜୀବନ ଯମୁନାରେ ।୩।

କେବେ ଦୁଃଖ ରୂପେ ଦିଅ ଲୁହରେ ଭିଜାଇ
କେବେ ଖୁସି ଫୁଲେ ପ୍ରାଣ ଦିଅ ମହକାଇ
ସବୁ ବିପରୀତ, ରହେ ମିଶ୍ରିତ
ତୁମ ସୃଷ୍ଟି ସର୍ଜନାରେ।୪।

ପ୍ରିୟ ପରିଜନ, ସାଙ୍ଗ, ସଂପର୍କ ବନ୍ଧନ
ଶତ୍ରୁ, ମିତ୍ର ମାୟା ସବୁ ତୁମରି ଭିଆଣ
ମୋ ଜୀବନ ଲକ୍ଷ୍ୟ, ଆଶା, ସମସ୍ତ
ତୁମ ବୀଣା ବାଜଣାରେ।୫।

ତବ ଗୁଣ ଗୁଣି ନାଥ, ହେ ଜଗତନାଥ
ଏ ଜୀବନ ପାଇଯିବ, ଆନନ୍ଦ ଅମୃତ
ତୁମେ ନେବ ମୋର ପଥ କଢାଇ
ନ ରହିବ ଶୋଚନାରେ।୬।

ତୁମେ ମୋର ବନ୍ଧୁ ଏକା, ଆଉ ଆନ ନାହିଁ

କାହିଁକି କୁହ ହେ ପ୍ରଭୁ କୁହୁଳୁଛି ନିଆଁ
ଅଶାନ୍ତିର ବାଡବାଗ୍ନି ଜଳିବ କି ସତେ
ସହି ହୁଏ ନାହିଁ ଆଉ ଏ ସବୁ ଜଞ୍ଜାଳ
ଇଚ୍ଛା ହୁଏ ଚାଲିଯାନ୍ତି ଏକା କେଉଁ ପଥେ।

ଯେତେ ସବୁ ସ୍ୱପ୍ନ ଥିଲା ସବୁ ଅଛି ଅଧା
ପୂରାଇବା ପାଇଁ କିଛି ଦିଶେ ନାହିଁ ଦିଗ
ଏକାଏକା ଭାବିଭାବି ଆଖି ହୁଏ ଓଦା
ଉନ୍ମାଦିନୀ ସମ ମନେ ଆସେ ନାନା ରାଗ।

ଛାଡିକି ମୁଁ ଚାଲିଯିବି ସମସ୍ତ ବନ୍ଧନ
ଛିନ୍ନ କରିଦେବି ମିଥ୍ୟା ମାୟାର ଶିକୁଳି
ଯହିଁ ଡାକି ନେବ ମୋର ଜ୍ଞାନ ଓ ଚିନ୍ତନ
ସେ ସତ୍ୟ ସନ୍ଧାନେ ଏକା ଯିବି ମୁହିଁ ଚାଲି।

ସଂପର୍କର ସବୁ ରଜ୍ଜୁ ହେଲାଣି ହୁଗୁଳା
ମୋ ମନକୁ ଚିହ୍ନେ ନାହିଁ ମୋର ସ୍ନେହ ପ୍ରେମ
କାହିଁକି ମୁଁ ମିଛ ଏଇ ମାୟାର ଜାଲରେ
ନିଜକୁ ଛନ୍ଦି ମରିବି ହୋଇ ହୀନିମାନ।

ତୁମେ ମୋର ବନ୍ଧୁ ଏକା, ଆଉ ଆନ ନାହିଁ
ସବୁ ମୋର ଦୁଃଖ, ସୁଖ, ତୁମେ ଏକା ଜାଣ
କହୁଛି ଖୋଲି ହୃଦୟ ତୁମକୁ ସେପାଇଁ
ଆଶୀର୍ବାଦ ଦେଇ ପୂର୍ଣ୍ଣ କର ଏ ଜୀବନ।

ତୁମ କରୁଣା ଅମୃତ ଜଳ ଢାଳି ଦେଇ
ନିର୍ବାପିତ କର ଅଗ୍ନି, ଶାନ୍ତ କର ମନ
ଶରଣ ମୁଁ ତବ ପାଦେ ମାଗୁଛି ଗୋସାଇଁ
ଉତ୍ତମ ମାର୍ଗର ମୋତେ ଦିଅ ହେ ସନ୍ଧାନ।

ହେ ଜଗନ୍ନାଥ, ତୁମ ଚରଣ ତଳେ

ହେ ଜଗନ୍ନାଥ, ତୁମ ଚରଣ ତଳେ
କରୁଛି ମୁଁ ନିବେଦନ ଅତି ଆକୁଳେ
କର ସିଞ୍ଚନ ତୁମ, ସୁଧା ସୁଦୟା ନୀର
ତୁମେ ହିଁ ଭରସା ଏ ସଙ୍କଟ କାଳେ

ସୁନ୍ଦର ଧରା, ଋତୁ ବସନ୍ତ
କୁସୁମ ରଙ୍ଗେ, ଦିଶେ ଶୋଭିତ
ଭାବି ପାରେନା, ସତେ କରୋନା
ଏମିତି ବେଳେ କରେ ଆକ୍ରାନ୍ତ।

ବନ ହରିଣୀ ପ୍ରାୟ ଏ ଚିତ୍ତ
କାହିଁକି ଏତେ, ତ୍ରସ୍ତ, ଶଙ୍କିତ
ଶିକାରୀ କିଏ, ଜଗିଛି କାହିଁ
ତ୍ରାହି ମହାପ୍ରଭୁ, ରଖ ଗୋସାଇଁ।

ତୁମେ ହିଁ ଜ୍ଞାନ, ତୁମେ ବିଜ୍ଞାନ
ତୁମେ ହିଁ କର୍ତ୍ତା, ତୁମେ କାରଣ
ତୁମ ଇଚ୍ଛାରେ, ଉଏଁ ତପନ
ଆଜ୍ଞାରେ ତୁମ, ବହେ ପବନ।

ତୁମ ସନ୍ତାନ, ଏ ଧରା ବାସୀ
ତାଙ୍କ ଖୁସିରେ ସବୁତ ଖୁସି
କାହିଁକି ତେବେ ହୁଅ ଦାରୁଣ
କନ୍ଦାଅ ତାଙ୍କୁ ଦେଇ କଷଣ।

ହେ ଦୟାମୟ, ଗୁହାରୀ ଶୁଣ
ମହୀରେ କର ଅବତରଣ
ଦେଖାଅ ପଥ, ହର କଷଣ
ହସାଅ ପୁଣି ତୁମ ସର୍ଜନ।

ତୁମେ ଏ ସାରା ସୃଷ୍ଟିର ସାଇଁ
ଇଚ୍ଛାରେ ତୁମ ସବୁ ଘଟଇ।
ତୁମେ ହିଁ କର୍ତ୍ତା, କର ବିଚାର
କରୋନା ଭୟ, ଆତଙ୍କ ହର।

ସୁଖରେ ହସୁ ତୁମ ସଂସାର
ଖୁସିରେ ଗାଉ ଗୁଣ ତୁମର
ଆଶା ଆଲୁଅ କର ସଂଚାର
ଝରାଅ ପ୍ରଭୁ ଅମୃତ ଝର।

କହଲୋ ସଜନୀ କାହିଁକି ?

କହଲୋ ସଜନୀ କାହିଁକି ?
ଭାବନାରେ କରି ମନ ଶ୍ୟାମଘନ ଦରଶନ
ଉଠେ ପୁଲକି ।ପଦ।

ସେ ଶ୍ୟାମଳ ରୂପଶୋଭା, ପୀତବାସ ମନଲୋଭା
ଶୁଣିଲେ ମୁରଲୀ, ମତି ଯାଏ ବହକି ।୧।

କି ମାୟାରେ ଫସିଗଲି, ନିଜକୁ ନିଜେ ଭୁଲିଲି
ଦିବାରାତି ଅନୁଭବ, ହୁଏ ନାହିଁକି ।୨।

କୁହୁକ ବଚନ ମାନ, ଭାଙ୍ଗିଦେଲା ସବୁ ଟାଣ
ବସିଲେ, ଉଠିଲେ ଧ୍ୟାନ ଯାଏ ତହିଁକି ।୩।

ଟାଣିନେଲେ ମନମୀନ, ହସ ବଡଶୀ ଗୁନ୍ଥିଣ
ଥୋପ ଗିଳି ଛଟପଟ ହୁଏ ମୁହିଁକି ।୪।

ଏମିତି ସେ ରୂପ, ଛଇ, ଭୁଲି ମୁଁ ପାରଇ ନାହିଁ
ହେ ମାଧବ ତ୍ରାହି ତ୍ରାହି, ଡାକେ ଧାଇଁକି ।୫।

ଶ୍ୟାମ ମୁରଲୀ

ଆସଲୋ ସଜନୀ ଆସଲୋ ସହଳ
ମୋହନ ବଇଁଶୀ କଲାଣି ଅସ୍ଥିର
କେତେ ରଙ୍ଗେ ଦେଖ ସୁର ତୋଳୁଛନ୍ତି
ସତେକି ସେ ସୁରେ ମୋତେ ଡାକୁଛନ୍ତି
ଯିବାକୁ ତାଙ୍କ କତିର ।ପଦ।

କେମିତି ଗଢିଲା ଦଇବ ତାହାଙ୍କୁ, ରୂପର ଉପମା ନାହିଁ
ଅତସୀ କୁସୁମ ଅଙ୍ଗେ ପିତାମ୍ବର ନିଏ ଜନମନ ମୋହି
ତ୍ରିଭଙ୍ଗ ଠାଣିରେ ଠିଆ ହୋଇଗଲେ
ସବୁରି ଲାଗେ ନଜର ।୧।

ଏତେ ନଟଖଟ, ଏତେ ଗୁଣବନ୍ତ, ସବୁଗୁଣେ ପାରଙ୍ଗମ
ଧରିଦେଲେ ଗିରି, ଇନ୍ଦ୍ରକୁ ନଡରି, କେ ହେବ ତାଙ୍କ ସମାନ
ସେ ପୁଣି ମୁରଲୀ ଏମିତି ବଜାନ୍ତି
ସଭିଙ୍କୁ କରି ବିଭୋର ।୨।

କାଳିନ୍ଦୀ ନଦୀରେ ପଶି କାଳିଆକୁ ନିମିଷକେ ଦେଲେ ମାରି
ସେ ହୃଦ ପୁଣି ତ ଏତେ ରସବନ୍ତ, ରସିକ ପଣେ କେ ସରି
ଏ କ୍ଷୁଦ୍ର ପରାଣ ଧାଏଁ ଆଶ୍ରିବାକୁ
ସେ ଶ୍ୟାମ ରଙ୍ଗା ପୟର ।୩।
ସଜାଲୋ ଅବିର, ରଙ୍ଗ ପିଚକାରୀ, ଯିବା ବେଗେ ହୋରି ଖେଳି
ଶ୍ୟାମ ଅଙ୍ଗେ ରଙ୍ଗ ଅବିର ଲଗାଇ, ନାଚିବା ଆନନ୍ଦେ ଝୁଲି
ନାହିଁ କିଛି ସୁଖ ଏ ଜଗତେ ଆଉ
ଶ୍ୟାମପ୍ରେମ ସମତୁଲ ।୪।

ଶ୍ୟାମ ତୁମ ରଙ୍ଗରେ

ଶ୍ୟାମ ତୁମ ରଙ୍ଗରେ, ରଙ୍ଗାଇ ଦେଲ ଏତେ
ରଙ୍ଗ ଛାଡ଼ିଯାଏ ନାହିଁରେ
ଶ୍ୟାମ ତୁମ ପ୍ରେମରେ, ଭିଜାଇ ଦେଲ ଏତେ
ସୁଖ ଶିହରଣ ଦେଇରେ
ଶ୍ୟାମ ତୁମ ରଙ୍ଗରେ, ରଙ୍ଗାଇ ଦେଲ ଏତେ
ରଙ୍ଗ ଛାଡ଼ିଯାଏ ନାହିଁରେ ।ପଦ।

ସେ ରୂପରେ ଆଖି, ରହେ ସଦା ଲାଖି
ଦିବା ସପନ ଦେଖଇରେ
କେତେବେଳେ ହସେ, କେତେବେଳେ କାନ୍ଦେ
ନିଜେ ଅଜଣା ରୁହଇରେ ।୧।

ମୋହନ ବଇଁଶୀ ବଜାଇ ମୋହିଲ
ମନ ହୋଇଗଲା ବାଇରେ
ମୀନ ପରି ତୁମ ପ୍ରେମ ବଡଶୀରେ
ଲାଖି ଯାଇଅଛି ମୁହିଁରେ ।୨।

ଲୀଳାମୟ ତୁମ, ଲୀଳା ବୁଝିବାକୁ
ଜ୍ଞାନ ଯାଇଛି ଉଭାଇରେ
ରଖିବ ମହତ, ଭାବି ଏହା ଚିତ୍ତ
ଅରପିଛି ତୁମ ଠାଇଁରେ ।୩।

ଆତ୍ମ ସମୀକ୍ଷା - ସେଇ ଏକା ବନ୍ଧୁ କାଳିଆ ଠାକୁର

ବନ ପୋଡିଗଲେ ସଭିଏଁ ଜାଣନ୍ତି, ମନ ପୋଡିଗଲେ କେହି ନ ଜାଣେ
ସେଇ ଏକା ବନ୍ଧୁ କାଳିଆ ଠାକୁର, ସୁଧା ସଂଜୀବନୀ ଯୋଗାଡେ କ୍ଷଣେ।

ପୋଡା ମନେ କଅଁଳଇ ନୂଆ ଆଶା, ନୂଆ ଜ୍ଞାନ ଦ୍ରୁମ ଉଙ୍କି ମାରଇ
ପୋଡା ଚର୍ମ ସ୍ଥାନେ ନୂଆ ଚର୍ମ ଦିଶେ, ନୂଆ ଜୀବକୋଷ ରସ ବହଇ।

ଶିରା, ପ୍ରଶିରାରେ ବୁହଇ ରକତ, କ୍ଷଣେ ପୂରିଯାଏ ସମସ୍ତ କ୍ଷତ
ବାହାର ଲୋକଙ୍କୁ କିଛି ନ ଦିଶଇ, ହେଲେ ସ୍ମୃତି ହୋଇ ରହଇ ସେତ।

ସଙ୍କଟ ସମୟେ ପାଞ୍ଚଟି ବାନ୍ଧବ ଜୀବନ ତରୀକୁ ନ୍ୟନ୍ତି ବୁହାଇ
ସେ ସମସ୍ତ ବନ୍ଧୁ ଈଶ୍ୱର ଖଞ୍ଜାନ୍ତି, ଯୋଗାଡିଆ ସିନା କେବଳ ସେହି।

ମନ ବଡ ମିତ, ନ ଭୁଲିବ ତାକୁ, ମନ ପୂତ ଥିଲେ ଗଡିଆ ଗଙ୍ଗା
ଥିଲେ ଥାଉ ପଛେ, ଯେତେ ଧନଜନ, ମନ ନ ମାନିଲେ, ଦୁନିଆ ଭଙ୍ଗା।

ମନକୁ ସର୍ବଦା ଜଗି ରହିଥାଏ, ବିବେକ ସତତ ହୋଇ ସଜାଗ
କାଳେ ଭାବାବେଗେ, ହୋଇଯିବ ତ୍ରୁଟି, ବିବେକ ବିଚାର କରଇ ଆଗ।

ମନ କହିଦେଲେ, ବିବେକ ବିଚାରେ କିଛି ଘଟେ ନାହିଁ ଆପଣା ଛାଏଁ
ଶରୀରରେ ବଳ, ସୁସ୍ଥତା ନଥିଲେ, ଚିନ୍ତାକୁ ସ୍ୱରୂପ ଦେବ ବା କିଏ ?

ଆତ୍ମୀୟସ୍ୱଜନ, ତାଙ୍କ ସ୍ନେହ ଧନ, ପ୍ରେରଣା ଯୋଗାଏ ମନରେ ସିନା
ତାଙ୍କ ସାହଚର୍ଯ୍ୟ ଯାହାକୁ ନମିଳେ, ପୂର୍ଣ୍ଣ ସଫଳତା କେବେ ମିଳେନା ।

ନିଜ ଘରେ ସିନା ସମସ୍ତେ ଆମର ସଂପର୍କକୁ ଦେଖି ହୁଅନ୍ତି ସାହା
ଆମ ପରିବେଶ, ଆମ ପ୍ରତିବେଶୀ ବଇରୀ ହୋଇଲେ ନରହେ ରାହା ।

ସବୁ ଥାଇ ଆଜି କାଙ୍ଗାଳ ପରାୟେ ରହିଛନ୍ତି ସର୍ବେ ଅତ୍ୟନ୍ତ ଭୟେ
ଜୀବନ ନଥିଲେ କିଏ ବା କାହାର, ଜୀବନକୁ ଅବା ନଡରେ କିଏ ?

ନିଜେ ଡାକତର ରୋଗରେ ପଡନ୍ତି, ଚିକିତ୍ସା ନମିଳେ ସଙ୍କଟ କାଳେ
ଯେତେ ବଡ ନେତା, ଭୂତାଣୁକୁ କେହି ଜିତି ନ ପାରନ୍ତି ତର୍କର ବଳେ ।

ଅଜସ୍ର ସଂପତ୍ତି ସାଇତା ହୋଇଛି, ହେଲେ ସେତ କିଣି ଦେବନି ପ୍ରାଣ
ସେଇ ଏକା ବନ୍ଧୁ, ତା' ଦୟା ନହେଲେ, ଅସାର ସମସ୍ତ ସଂସାରେ ଜାଣ ।

ଆଜି ତେଣୁ ସେଇ ପରମବନ୍ଧୁଙ୍କ ପାଦେ କୃତାଞ୍ଜଳି କରେ ଅର୍ପଣ
କୃପା ବହି ଏଇ ସଂକଟ କାଳରେ ସାହା ହୁଅ ପ୍ରଭୁ ଦେଇ ଶରଣ ।

ଈଶ୍ୱର କରନ୍ତି ଯାହା, ପ୍ରାଣୀର ମଙ୍ଗଳ ପାଇଁ

ମଙ୍ଗଳ କି ଅମଙ୍ଗଳ, ସହଜେ ନ ହୁଏ ବୁଝି
ଛାର ଏ ମାନବ ମନ, ଚିନ୍ତନ ନ ପାରେ ହେଜି।

ଦେଖାହୁଏ ସତ୍ୟ ରୂପେ ଆଜି ଯାହା ପ୍ରତ୍ୟକ୍ଷରେ
କାଲି ସେ ବଦଳିଯାଏ, ଆସେ ଅଚିହ୍ନା ରୂପରେ।

ଆଜି ଯା' ମଙ୍ଗଳ ରୂପେ ଅଛି ପାଶେ ବିଦ୍ୟମାନ
କାଲି ଅମଙ୍ଗଳ ହୋଇ ଆଣିବ ଦୁଃଖ ଦୁର୍ଦ୍ଦିନ।

ଆଜି ଯେ ସରାଗେ କଥା କହେ ଅନୁରାଗ ଭରି
କାଲି ସିଏ ଫାଶିଖୁଣ୍ଟେ ଝୁଲାଇ ଦେବତ ମାରି।

ବିଜ୍ଞ, ପଣ୍ଡିତ ସନ୍ତାନ ଗର୍ବ ପିତାମାତା ପାଇଁ
ସର୍ବଦା ବ୍ୟସ୍ତ ଜୀବନ, ସମୟ ତାଙ୍କର ନାହିଁ।

ଅଯୋଗ୍ୟ ସନ୍ତାନ ବୋଲି ଯାହାକୁ ଦୁନିଆ କହେ
ରୋଗ, ଶୋକ, ବିପଦରେ ସର୍ବଦା ସେ ପାଶେ ଥାଏ।

ଈଶ୍ୱରଙ୍କ ଯୋଗସୂତ୍ର ଅବୋଧ, ଅଜ୍ଞାତ ନୀତି
କେତେବେଳେ କେଉଁଭାବେ ଘଟୁଥାଏ ନିତିପ୍ରତି।

ତଥାପି ବିଶ୍ୱାସ ମନେ, ପିଲାଦିନୁ ଅଛି ବହି
ଈଶ୍ୱର କରନ୍ତି ଯାହା, ପ୍ରାଣୀର ମଙ୍ଗଳ ପାଇଁ।

ଏ ଜୀବନ ତୁମ ଅପୂର୍ବ ଦାନ

ଏ ଜୀବନ ତୁମ ଅପୂର୍ବ ଦାନ, କିଛି ନାହିଁ ତା’ ସମାନ
ହେଉ ପଛେ ଲୁହ, କଣ୍ଟକ କ୍ଷତ, ଜୀଇଁବା ତ ପ୍ରଲୋଭନ।୧।

କାଳଚକ୍ର କେବେ ନିଶ୍ଚିହ୍ନ କଲା, ବନ୍ଧୁ, ପ୍ରିୟଜନ ସ୍ୱର
ଆତ୍ମା କାନ୍ଦିଲା, ଡହଳ ବିକଳ, ମନ ହୁଏ ନିରନ୍ତର।୨।

ତଥାପି କିଏ ସେ ପ୍ରବୋଧି କହେ, ସମ୍ଭାଳ ନିଜକୁ ତିଳେ
ଦେହ ସିନା ନାହିଁ, ଆତ୍ମା ଅମର, ଅନୁଭବ ସ୍ପନ୍ଦନରେ।୩।

ଜଳିଯାଏ ଚିତା, ବିଷର୍ଣ୍ଣ ଚିନ୍ତା, ଜୀବନ ଲାଗଇ ଶୂନ୍ୟ
ପ୍ରତିଟି ପ୍ରଭାତେ, ଆବେଗେ ଭାବେ, ଜୀଇଁଛି ମୁଁ ତେଣୁ ଧନ୍ୟ।୪।

ଜୀଇଁବାର ଅର୍ଥେ, ଆଦରି କର୍ମ, ମନ ପୁଣି ଭୁଲିଯାଏ
ନିଜ ସ୍ୱାସ୍ଥ୍ୟ ଚିନ୍ତା, ଭବିଷ୍ୟ ଭାବି, ଯୋଜନା ଯେତେ ରଚାଏ।୫।

ସ୍ୱାଦିଷ୍ଟ ବ୍ୟଞ୍ଜନ, ସୁନ୍ଦର ଗୃହ, ବିଳାସ, ବ୍ୟସନ ମାନ
ମାୟା ମୋହ ପୁଣ, ବାନ୍ଧଇ ମନ, ଚାଲେ ସୁଖ ଅନ୍ୱେଷଣ।୬।

ପୁନଶ୍ଚ ପ୍ରତାପ, ଅର୍ଥର ମୋହ, ଆଉ ଯେତେ ପ୍ରଲୋଭନ
କରନ୍ତି ଆୟତ୍ତ, ଜୀବନ ନିତ୍ୟ, ନାହିଁ ତହୁଁ ପରିତ୍ରାଣ।୭।

ଏଇତ ସଂସାର, ନିୟମ ସାର, ଜୀଇଁବାର ଅନୁଭବ
ଅନ୍ଧାର ଆଲୁଅ, ନିରାଶା ଆଶା, ହସ, ଲୁହ ଯୋଗାଯୋଗ ।୮।

ଅନିତ୍ୟ ସଂସାର, ତଥାପି କାମ୍ୟ, ସୁନ୍ଦର ଏହି ସୃଜନ
ଜୀଇଁଛି ବୋଲିତ, ହୃଦୟ ମନେ, କରେ ତାହା ଅନୁଧ୍ୟାନ ।୯।

ହେ ପରମପିତା, ଚରଣେ ତୁମ, ଅରପୁଛି କୃତାଞ୍ଜଳି
ଏ ଜୀବନ ତୁମ, ଅପୂର୍ବ ଦାନ, ରଖିବି ଯତ୍ନେ ସମ୍ଭାଳି ।୧୦।

କୃତଜ୍ଞତା

କୃତଜ୍ଞତାର ହିସାବ ନିକାଶ

ଦୈନନ୍ଦିନ ଜୀବନ ଆମର, କେତେକେତେ ଦାନର ସଂଗମ
କିଛି ନୁହେଁ ଆମେ ତାହା ବିନା, ପରିଚୟ ଦିଶେ ନାହିଁ ଆମ।

ପିତାମାତା ଗଢି ଏ ଜୀବନ, ଶୈଶବରୁ କରିଲେ ପାଳନ
ଶିକ୍ଷାଗୁରୁ ଶାସନ ପଣରେ, ଶିକ୍ଷା ଦେଲେ, ସଜାଡିଲେ ମନ।

ଗାଆଁ ମାଟି ପବନ, ପାଣିରେ, ବିକଶିଲା କାୟା ନିଜ ମତେ
ସାଙ୍ଗ ସାଥୀ, ସଂପର୍କ ସ୍ପର୍ଶରେ, ସଂଜୀବନୀ ଝରୁଥିଲା ସତେ।

ଜୀବନର ଚଲାପଥେ ନିତି, ଆସୁଥିଲା କେତେ ଝଞ୍ଜା, ଝଡ
ସେତେବେଳେ କେହି ଜଣେ ଆସି, ବଦଳାଇଦେଉଥିଲେ ମୋଡ।

ହୁଏତ ସେ କେହି ଦେବଦୂତ, ହୁଏତ ସେ କେବଳ ସଂଯୋଗ
ତେବେ ସେହି ସଂଯୋଗ କ୍ଷଣକେ, ଜୀବନରେ ଭରୁଥିଲା ରଙ୍ଗ।

ସେଇମତେ ଭେଟ ହୁଏ କେହି, ଅଜଣାରୁ ହୁଏ ଜଣା ଅତି
ବାନ୍ଧିଦିଏ ପ୍ରେମର ବନ୍ଧନେ, ନୂଆ ସଂପର୍କରେ ଝୁମେ ମତି।

କର୍ମକ୍ଷେତ୍ରେ ଖାଲ, ଢିପ ପଥେ, କେତେବେଳେ ଘଟେ କେଉଁ କଥା
ସମସ୍ୟାର ବିଶାଳ ପାହାଡ, ଦେଖି କେବେ ଘୂରିଯାଏ ମଥା।

ସେ ସମୟେ କାୟା ସାଥେ ମନ, ଜୋଡି ରହି ଦ୍ୟନ୍ତି ଆଶ୍ୱାସନା
ନୂଆ ପଥ ଖୋଲିଯାଏ ତିଳେ, ହୃଦୟକୁ ମିଳଇ ଶାନ୍ତ୍ୱନା।

ପହଞ୍ଚନ୍ତି ସାଜି ଦେବଦୂତ, କେତେ ବନ୍ଧୁ, କେତେ ପ୍ରିୟଜନ
ସଙ୍କଟ ସମସ୍ତ ଯାଏ ଟଳି, ତାଙ୍କ ବଳେ ହୋଇ ବଳୀୟାନ।

ବଦଳଇ ଶରୀର ଓ ଶକ୍ତି, ବଦଳଇ ସାମର୍ଥ୍ୟ, ସମୟ
ମନ କିନ୍ତୁ ଥାଏ ନିଜ ମତେ, ସବୁ ବୁଝେ, ରଖି ସଦା ଲୟ।

ବାଣ୍ଟିଯାଏ ସମୟ କେମିତି, ଆଶ୍ଚର୍ଯ୍ୟ ମୁଁ ହୁଏ ଅନୁଭବି
କେତେ କାମ ରହିଯାଏ ବାକି, ସେସବୁକୁ ହୁଏ ମନେ ଭାବି।

ଏସବୁ ଏ ବୟସର ଖେଳ, ରହେ ନାହିଁ ପୂର୍ବ ନିୟନ୍ତ୍ରଣ
ଯେଉଁ ଭାବେ ଯେତିକି ହୋଇଲା, ଖୁସି ମନେ କରେ ତା’ ଗ୍ରହଣ।

ନ କହି ବି, କହି ହୋଇଯାଏ, ନ ଶୁଣି ବି ସ୍ୱର, ଶବ୍ଦ ଶୁଭେ
କୃତଜ୍ଞ ମୁଁ ତୁମ ଦାନ ପାଇଁ, ତୁମ ହିତ ସଦା ମନେ ଭାବେ।

ତୁମେ ମୋର ଅତି ପ୍ରିୟ ବନ୍ଧୁ

ତୁମେ ମୋର ଅତି ପ୍ରିୟ ବନ୍ଧୁ
ତୁମ କଥା ମନେପଡେ ଆଜି
କହିଲେ ମୁଁ ଧନ୍ୟବାଦ ଯେତେ
ତୁମ ଋଣ ପାରିବିନି ସୁଝି ।

ଦିନ କେତେ ବିତି ତ ଗଲାଣି
ବିତିଲାଣି କେତେ ବର୍ଷ, ମାସ
ତଥାପି ମୁଁ ଭୁଲିନି ତୁମକୁ
ତୁମର ସେ ବନ୍ଧୁତା ପରଶ ।

ଦୁର୍ଭାଗ୍ୟର ଘୂର୍ଣ୍ଣିବାତ୍ୟା ଯେବେ
ଭାଙ୍ଗିଦେଇଥିଲା ଏ ଜୀବନ
ବନ୍ଧୁତାର ବାହୁ ଦୁଇ ମେଲି
ସାହା ହୋଇ ରଖିଥିଲ ମାନ ।

ସଙ୍କଟରେ ଦେବଦୂତ ସାଜି
ଆବିର୍ଭାବ ହୋଇଥିଲ ତୁମେ
ସାଜିଥିଲ ସୁରକ୍ଷା କବଚ
କୁଟନୀତି କାଟି ଜ୍ଞାନବାଣେ ।

ସହିଥିଲ ନିଜେ କେତେ ନିନ୍ଦା
ଅପମାନ, ଆଗ୍ନେୟ ପ୍ରକୋପ
ଦିବ୍ୟ ତୁମ ମେଧା ଶକ୍ତି ବଳେ
ଭାଙ୍ଗିଥିଲ ଅସୂୟାର ଦର୍ପ ।

ସେକଥାକୁ ଗୋଟିଗୋଟି କରି
ସବୁକିଛି ରଖିଛି ମୁଁ ମନେ
ତୁମ ପାଇଁ ଈଶ୍ୱରଙ୍କ ପାଦେ
ପ୍ରାର୍ଥନା ମୁଁ କରେ ପ୍ରତିକ୍ଷଣେ ।

ତୁମ ଭଳି ହୁଅନ୍ତୁ ସମସ୍ତେ
ଧନ, ମାନ, ଯଶ ତୁମେ ପାଅ
ଈଶ୍ୱରଙ୍କ ଆଶୀର୍ବାଦ ଶକ୍ତି
ବଳେ ସଦା ବଳୀୟାନ ରୁହ ।

ଧନ୍ୟବାଦ ହେ ଦିବ୍ୟମାନବ
ତୁମେ ମୋର ଭାଇ, ବନ୍ଧୁ, ସଖା
ଏ ବିଶେଷ ଦିନେ ତୁମ ଭାଲେ
ପିନ୍ଧାଉଛି ବିଜୟର ଟୀକା ।

ତୁମେ ହିଁ ସର୍ବୋତ୍ତମ

ତୁମେ ହିଁ ସର୍ବୋତ୍ତମ
ବନ୍ଧୁ, ତୁମେ ହିଁ ସର୍ବୋତ୍ତମ
ଅମା ଅନ୍ଧକାରେ, ତୁମେ ହିଁ ଆଲୁଅ
ତୁମ ଆଗମନେ ସରିଯାଏ ଭୟ
ହରଷରେ ପୂରେ ମନ।
ତୁମେ ହିଁ ସର୍ବୋତ୍ତମ...

ତୁମରି କଥାର କୁହୁକ ମନ୍ତ୍ରରେ, ଭୁଲିଯାଏ ମୁଁ ଦୁଃଖକୁ
ଆଗେଇବା ପାଇଁ ଜୀବନ ପଥରେ, ଜମାକରେ ସାହସକୁ
ଆଜି ଯଦି ମୁହିଁ ହସୁଅଛି ତେବେ, ତୁମେ ସେ ହସର କାରଣ।୧।
ତୁମେ ହିଁ ସର୍ବୋତ୍ତମ...

ନହୋଇ ବିରକ୍ତ, ହୋଇ ସ୍ଥିର ଚିତ୍ତ, ମୋକଥା ତୁମେ ଶୁଣିଲ
କାନ୍ଦିଥିଲେ ଦିନେ ହସିବ ମଣିଷ, ଶାନ୍ତ୍ୱନା ବାରତା ଦେଲ
ଆଜି ଯଦି ମୁହିଁ ଟେକିଅଛି ଶିର, ସେସବୁ ତୁମର ତ ଦାନ।୨।
ତୁମେ ହିଁ ସର୍ବୋତ୍ତମ...

ତୁମ ଆଗେ ମୁହିଁ ଖୋଲିଦିଏ ମନ, ହୃଦୟର ସର୍ବ ବ୍ୟଥା
ସମସ୍ତ ଭାବନା, ଅନ୍ତର ବେଦନା, ଇଚ୍ଛା, ସପନର କଥା
କାହିଁକି କେଜାଣି, ଜାଗଇ ବିଶ୍ୱାସ, ଭରିଯାଏ ଆଶା କିରଣ।୩।
ତୁମେ ହିଁ ସର୍ବୋତ୍ତମ....

ପଥ ହୁଡିଗଲେ, ତୁମେ ଧାଇଁଆସ, ହାତ ଧରିନିଅ ମୋର
ଝୁଣ୍ଟି ପଡିଥିଲେ, ମଲମ ଲଗାଇ, ହୋଇଯାଅ ଡାକତର
ମୋର ସର୍ବ ବ୍ୟଥା, ହୁଏ ଉପଶମ, ସେନେହ ପରଶରେ ତୁମ।୪।
ତୁମେ ହିଁ ସର୍ବୋତ୍ତମ...

ହୁଅଇ ପ୍ରତ୍ୟୟ, ତୁମେ ସତେ ଅବା ଈଶ୍ୱରଙ୍କ ବରଦାନ
ମୋ ଜୀବନ ପାଇଁ, ଆଶୀର୍ବାଦ ହୋଇ, ଦୁନିଆରେ ତୁମ ଜନ୍ମ
ତୁମରି ସେନେହ, ଭରିଛି ହୃଦୟ, ସଞ୍ଜିବନୀ ସୁଧା ସମାନ।୫।
ତୁମେ ହିଁ ସର୍ବୋତ୍ତମ...

ଜୀବନରେ କେତେ ନୂଆନୂଆ କଥା ଶିଖାଇଛ ତୁମେ ମୋତେ
ଭଲମନ୍ଦ ଆଉ ଭୁଲ୍, ଠିକ୍ ଯାହା, ଅନୁଭବି ଅଛି ଯେତେ
ଧନ୍ୟବାଦ ବନ୍ଧୁ, ତୁମ ବନ୍ଧୁତାର, ନାହିଁ କାହିଁ ତୁଳନା ଆନ।୬।
ତୁମେ ହିଁ ସର୍ବୋତ୍ତମ...

ତୁମ ପ୍ରେରଣାରେ ଆଗକୁ ଆଗକୁ ବଢିଛି ନକରି ଭୟ
ତୁମ ବନ୍ଧୁତାର ଭରସା ମୋପାଇଁ ଆଣିଛି କେତେ ବିଜୟ
ଏ ଧରାରେ ତୁମେ ଗଢିଅଛ ସ୍ୱର୍ଗ, କରି ଧନ୍ୟ ମୋର ଜୀବନ।୭।
ତୁମେ ହିଁ ସର୍ବୋତ୍ତମ...

ଦୁର୍ଗମ ପଥେ

ଦୁର୍ଗମ ପଥେ ଚାଲିବାକୁ ତୁମେ
ଏକା ଛାଡିଦେଇ ଗଲ
ବାଟବଣା ହୋଇ ଆକୁଳେ ଚିନ୍ତନ୍ତେ
ସହସା ହାତ ଧରିଲ ।୧ ।

ଠେଲିଦେଲ ତୁମେ ବଢନ୍ତା ନଈକୁ
ପାଏନାହିଁ ଥଳକୂଳ
ଜଳଭଉଁରୀରେ ଘୁରାଇବା ପରେ
ଜଳରୁ ଛାଣି ଆଣିଲ ।୨ ।

ଚାରିଆଡେ ମୋର ବିଛାଇ ଦେଲ ଯେ
ମୁନିଆଁକଣ୍ଟାର ବାଡ
କେଉଁଦିଗେ ଯିବି ପୁରିଗଲା ହଂସା
ଏ ପୁଣି କେମିତି ଖେଳ ।୩।

ତୁମକୁ ସ୍ମରି ମୁଁ ସାହସ କରନ୍ତେ
କଣ୍ଟକରେ ରଖି ପାଦ
ସବୁ କଣ୍ଟାବାଡ ନିଜେ ଭାଙ୍ଗିଦେଲ
ହଟାଇଲ ପରମାଦ ।୪ ।

ଆଶ୍ରା କରିବାକୁ ଯେଉଁ ଗଛଡାଳ
ଧରିଲି ଆକୁଳେ ମୁହିଁ
ସୃଷ୍ଟିକରି ଝଡ, ସେଇ ଡାଳଟିକୁ
ଭାଙ୍ଗିଦେଲ ତୁମେ ସାଇଁ ।୫ ।

ହତାଶ ହୋଇଣ "ରଖ ଜଗଦୀଶ''
ଡାକିଲି ହୋଇ ବିକଳ
ତହୁଁ ନାରାୟଣ, ଦୂତ ପଠାଇଣ
ମୋ ଦୂରିତ ଦୂର କଲ ।୬ ।

ଜଳାଇଲ ନିଆଁ ଚାରିପଟେ ମୋର
ଧୂଆଁରେ ହଜିଲା ଶ୍ୱାସ
ଜଳିବାର କ୍ଷଣେ ଟେକିନେଲ ତୁମେ
ଦେଇ ଅମୃତ ପରଶ ।୭ ।

ମାରିପାର ତୁମେ, ତାରିପାର ତୁମେ
ତୁମେ ସକଳ ବିଧାତା
ଅନ୍ଧାରେ ମୁଁ କାହିଁ ବାଡି ବୁଲାଇବି
ନିଜକୁ ଭାବି କରତା ।୮ ।

କଷ୍ଟ ସିନା ଦିଅ, କଷ୍ଟ ଦେଇ ସାରି
କର ହିଁ ତୁମେ ଉଦ୍ଧାର
ସେଇ ବଡପଣ, ରଖିଥାଅ ପ୍ରଭୁ
ଏତିକି ଗୁହାରି ମୋର ।୯ ।

ବନ୍ଧୁବୋଲି ପ୍ରଭୁ ଭାବିଛି ତୁମକୁ
କରିଛି ଶ୍ରୀପଦେ ଆଶ
ଆଣ୍ଠି ମୋ ଏତିକି, ରଖିବ ହେ ସାଇଁ
ଭାଙ୍ଗିବନି ମୋ ବିଶ୍ୱାସ ।୧୦ ।

ଏକାକୀ ଏ ବେଳେ କରି ବିଶ୍ଳେଷଣ
ଯେତେ ମୋର ଅଭିଜ୍ଞତା।
ଧନ୍ୟବାଦ ଶବ୍ଦ ତୁମକୁ ଅର୍ପୁଛି
ତୁମେ ମୋ ଭାଗ୍ୟ ବିଧାତା।୧୧।

ଧନ୍ୟ ତୁମେ ବନ୍ଧୁ, ଧନ୍ୟ ତୁମ ବନ୍ଧୁତା ପଣ

ଢେଉଢେଉକା ସ୍ୱପ୍ନ ମୋର ସରଗ ସୀମା ଛୁଏଁ
ନୀଳ ଆକାଶ ବାଦଲ ମେଳେ ମଉଜେ ଉଡୁଥାଏ
ବିସ୍ତାରି ଡେଣା ଲଂଘି ପର୍ବତ ଜଳନ୍ତା ସୌର ତାପ
ସୁର ସମ୍ରାଟ ସଭାରେ କରେ ଦେବଙ୍କ ସଙ୍ଗେ ଗପ।

ଆଶ୍ଚର୍ଯ୍ୟ ଆଶା ବିସ୍ମୃତ ଚିନ୍ତା ଅସୀମ ଅଣାଗତ
ବନ୍ଧୁ ତୁମ ସାହସ ବଳେ ଲାଗେ ସେ ହେବ ସତ
ସତ୍ୟ ଯଦି ମହାସମୁଦ୍ର ଜଳକଣାର ଗୋଷ୍ଠି
ସତ୍ୟ ତେବେ ହେବ ଏ ସ୍ୱପ୍ନ ଆମ ମନ ସମଷ୍ଟି।

ଆସିଛି ବେଳା ନେବାକୁ ପଣ ଦୂରାଇ ମନୁ ଭୟ
ସ୍ଥିତ ଚିତ୍ତ, ଚେତନା ଲକ୍ଷ୍ୟ, କରି ଏକତ୍ର ଲୟ
ସଂହତି ଆମ କରିବ ସୃଷ୍ଟି, କୀର୍ତ୍ତିର ଭବ୍ୟ ଛବି
ତୁମ ବନ୍ଧୁତ୍ୱ ଭରସା ବଳେ ହସିବ ନବରବି।

'ଧନ୍ୟବାଦ' ଜଣାଉଛି ମୁଁ ଆସିଛି ଶୁଭ କ୍ଷଣ
ଧନ୍ୟ ତୁମେ ବନ୍ଧୁ, ଧନ୍ୟ ତୁମ ବନ୍ଧୁତା ପଣ।

ବନ୍ଧୁତା ତୁମର ବିପଣୀ ଆମର

ଉଦୟ ସୂର୍ଯ୍ୟର ସୁନେଲି କିରଣ
ଝଲସାଏ ଯେବେ ମନ
ଗତ ରଜନୀର ଅମା ଅନ୍ଧକାର
ସ୍ମୃତିରେ ଦିଶେ ସେ କ୍ଷଣ ।୧।

ପ୍ରସ୍ଫୁଟିତ ହସଫୁଲ ଯେଉଁ କାଳେ
ଭରେ ରଙ୍ଗ ଆନନରେ
ଶ୍ରାବଣର ଝଡ ବତାଶର ସ୍ମୃତି
ଲୁହ ବିନ୍ଦୁ ହୋଇ ଝରେ ।୨।

ଚାରିପଟେ ଯେବେ ଭରା ସାଙ୍ଗସାଥୀ
ସେନେହ ମହକ ଛୁଟେ
ହଜିଥିବା କେଉଁ ଆତ୍ମୀୟ ସ୍ମରଣେ
ବେଦନାରେ ହୃଦ କାଟେ ।୩।

ମନ ପୁରିଯାଏ ସ୍ୱର୍ଗୀୟ ପ୍ରେମରେ
ଦିବ୍ୟ ଭକ୍ତି ଅନୁଭବେ
ତଥାପି କାହିଁକି ଭୁଲିହୁଏ ନାହିଁ
ଦୁର୍ଦ୍ଦିନକୁ ମନ ଭାବେ ।୪।

ଜୀବନର ଯାତ୍ରା ନୁହେଁ ତ ସହଜ
ପୃଥ୍ୱୀ କ୍ଷଣେକ୍ଷଣେ ଆନ
ତଥାପି ଏ ମନ ମୋହର ଆବେଶେ
ଭୁଲିଯାଏ ଦିବ୍ୟଜ୍ଞାନ ।୫ ।

କେବେ ବିଭବର ଶିଖରେ ତ କେବେ
ବିଫଳତାର କ୍ରନ୍ଦନ
ଲୁହ ପୋଛିଦିଏ ଯିଏ ଦୁଃଖବେଳେ
ସେ ସିନା ବନ୍ଧୁ ମହାନ ।୬ ।

ସଙ୍କଟ ସମୟେ ସାହା ହୋଇଥାଏ
ପଡିଗଲେ ଟେକି ଧରେ
ଅଦୃଶ୍ୟ ଇଙ୍ଗିତେ ମନ ଜାଣି ସତେ
ଆଶାର ପ୍ରଦୀପ ଜାଳେ ।୭ ।

ବିପଦର ବନ୍ଧୁ ତୁଳନାରେ ବନ୍ଧୁ
ନୁହେଁ କେହି ଜଗତରେ
'ଧନ୍ୟବାଦ' ତାଙ୍କୁ କହିବାକୁ ମନ
ଜାଗିରହେ ନିରନ୍ତରେ ।୮ ।

ଆସିଛି ଆଜି ଏ ସୁବର୍ଣ୍ଣ ବେଳାଟି
କହିବାକୁ ଧନ୍ୟବାଦ
ବନ୍ଧୁତା ତୁମର ବିପଣୀ ଆମର
ଦେବତାଙ୍କ ଆଶୀର୍ବାଦ ।୯ ।

ମିତ୍ରତା ରତ୍ନ

ସବୁଦିନ ଭଳି ଖେଳୁଥାଏ
କୋମଳ ଜୀବନର ଭାବନାର ଫୁଲ
ସ୍ୱଚ୍ଛ ଏକ ଫୁଲଦାନୀ ମଧ୍ୟେ
ବନ୍ଧୁତାର ସେନେହ ସଂଜୀବନୀ ତୁଲ

ତେଜୋଦୀପ୍ତ ରଙ୍ଗ ସେ ଫୁଲର
ଛୁଇଁଯାଏ ପ୍ରତିଟି ମନ ଓ ନୟନ
ଅରୁଣର ଉଜ୍ଜ୍ୱଳ ରଙ୍ଗରେ
ଭରିଦିଏ ପରାଣ, କୋଣ ଅନୁକୋଣ

ସୁଗନ୍ଧର କୁହୁକ ପୃଥିବୀ
ଛୁଇଁଦିଏ ଅଜଣା, ଅଦେଖା ଆତ୍ମାକୁ
ଆଲୁଅର ଚୁମ୍ବକ ପରଶ
ଟାଣିନିଏ ଶାଶ୍ୱତ, ଅମୃତ ଧାମକୁ

ଲୁହ ଆଉ ଭୟର କୁହୁଡି
ସରିଯାଏ, ବିକଶେ ସୁମନ ସ୍ତବକ
ବନ୍ଧୁତାର ଅମୃତ ଭାବନା
ରହସ୍ୟ କଳଶର ଶାଶ୍ୱତ ଚମକ

କହିବାକୁ ଚାହୁଁଛି ଆଜି ମୁଁ
ଧନ୍ୟବାଦ ତୁମକୁ ଖୋଲା ହୃଦୟରେ
ତୁମ ଦତ୍ତ ମିତ୍ରତା ରତ୍ନଟି
ସର୍ବଶ୍ରେଷ୍ଠ ଗହଣା ମୋର ଜୀବନରେ ।

ସମୟର ଉପହାର

ସମୟ ଏମିତି ଏକ ଅମୂଲ୍ୟ, ଦୁର୍ଲଭ ଧନ
ସଂଯୋଗ ବଶତଃ କିଏ କରେ ସେ ସମ୍ପଦ ଦାନ
ନହେଲେ ଏ ଯନ୍ତ୍ର ଯୁଗେ କାହାର ସମୟ ଥାଏ
କେତେ ଯେ କର୍ମ ଜଞ୍ଜାଳ କଳନା ତାର ନଥାଏ।୧।

ସମୟକୁ ସାରିବାକୁ ହାତ ପାହାନ୍ତାରେ ସବୁ
ସବୁଠି କୁହୁକ କାଠି, କୁହୁକରେ କରେ କାବୁ
ଆଙ୍ଗୁଠି ଟିପିଲେ ଆଖି ଦେଖେ କେତେ ନୂଆ କଥା
ମନ ମଗ୍ନ ରହିଯାଏ, ଭୁଲିଯାଏ ଅନ୍ୟ ଚିନ୍ତା।୨।

ସମ୍ପର୍କ ପାଇଁ ସମୟ ଥାଇ ବି ହଜେ କେଉଁଠି
ଅନ୍ତର୍ଜାଲ, ଇନ୍ଦ୍ରଜାଲ, ସମୟ ରହେ ସେଇଠି
ପ୍ରିୟଜନ, ପରିବାର, ରହିଯାନ୍ତି ଦୂର ହୋଇ
କେତେଟା "ପସନ୍ଦ" ଚିତ୍ତ ଚିନ୍ତା ତାହା କରୁଥାଇ।୩।

ଦିନ ଥିଲା, ସମୟ ଏ ଇଚ୍ଛାମତେ ଚାଲୁଥିଲା
ଧରିବାକୁ ଚାହିଁଦେଲେ, ପାଖେ ଧରା ଦେଉଥିଲା
ଏବେ କିନ୍ତୁ ଅବୁଝା ସେ ହୁଅଇ ଦିନକୁ ଦିନ
ତା ଇଚ୍ଛାରେ କାମ କରେ, ବୁଝେନି ହୃଦୟ ମନ।୪।

ସଭିଙ୍କର ପାଶେ ଅଛି ଯଶ, ଧନ, ଜ୍ଞାନ, ମାନ
କେବଳ ସମୟ ନାହିଁ, ସେ ନେଇ ନିଃସ୍ୱ ପରାଣ
ଛନଛନ ମନ ସଦା, ସମୟକୁ ଭାବିଭାବି
ସପନରେ ସମୟର ଦେଖନ୍ତି ରଙ୍ଗୀନ ଛବି।୫।

ପ୍ରେମ

ଆଜି ବି ତୁମକୁ ମୁଁ ଭଲପାଏ, ହୃଦ ଭରି, ସେହି ଏକାପରି

ଆଜି ବି ତୁମକୁ ମୁଁ ଭଲପାଏ
ହୃଦ ଭରି, ସେହି ଏକାପରି
ତୁମ ପ୍ରେମ ମୋ ଜୀବନ ସୂତ୍ର
ଏ ହୃଦୟେ ଫୁଟେ ପ୍ରୀତି ବଲ୍ଲୀ।

ସେ ବଲ୍ଲୀର ସୁବାସ ବିସ୍ତରି
ମହକାଏ ସଂପର୍କର କ୍ଷେତ
ଆମ ଘରେ ଖୁସି ଝର ଝରେ
ପ୍ରତି କୋଣେ ଶୁଭେ ପ୍ରେମ ଗୀତ।

ଯେବେ ମୁହିଁ ଥିଲି ଏକାକିନୀ
କେତେକେତେ ଦେଖୁଥିଲି ସ୍ୱପ୍ନ
ସତେ ମୋର ଜୀବନରେ କେବେ
ଫୁଟିବ କି ପ୍ରେମର ସୁମନ ?

ସେମିତିରେ ରୂପରେ, ଗୁଣରେ
ନଥିଲି ମୁଁ ଅନିନ୍ଦ୍ୟା ସୁନ୍ଦରୀ
ଧନ ଆଉ ପ୍ରତିପତ୍ତି ତୁଲେ
ସାମର୍ଥ୍ୟ ନଥିଲା କେଉଁପରି।

ତେବେ ଥିଲା ଆଶା ମୋ ଅନେକ
ଯିଏ ହେବ ମୋର ପ୍ରିୟତମ
ନିଶାଠାରୁ ଥିବ ସେ ଦୂରରେ
ଥିବ ତାର ସ୍ନେହୀ ଏକ ମନ।

ସେଥିପାଇଁ ପ୍ରଥମ ଦେଖାରେ
ତୁମକୁ ମୁଁ ଭଲ ପାଇଗଲି
ଅଳ୍ପ କିଛି ମାସ ଉପରାନ୍ତେ
ତୁମ ନାମ ସିନ୍ଦୂର ପିନ୍ଧିଲି।

ଆଜି ଏବେ ଏତେ ବର୍ଷ ପରେ
ମୋର ଅଛି ସେଇ ଅନୁଭବ
ତୁମ ପରି ଭଲ ହୃଦୟଟେ
ପାଇବାଟା କେତେଯେ ଦୁର୍ଲଭ।

ଭାଗ୍ୟବଳେ ପାଇଛି ମୁଁ ତାହା
ଯାହା ଦିନେ ସ୍ୱପ୍ନ ଥିଲା ମୋର
ସବୁ ଜନ୍ମେ ଚାହିଁବି ତୁମକୁ
ତୁମ ହୃଦୟର ପ୍ରେମ ଝର।

ବିତିଛି ଏ ଜୀବନ ଆମର
କେତେକେତେ ସଙ୍କଟ ପଥରେ
କେତେ ରାଗ, ଭୁଲ୍ ବୁଝାମଣା
କେବେ ଆସିଯାନ୍ତି କେଉଁ ବେଳେ।

ତଥାପି ଆମର ଅନୁରାଗ
ସ୍ନେହ କମି ଯାଇନାହିଁ କେବେ
ବରଂ ତାହା ହୋଇ ବହୁଗୁଣ
ସିକ୍ତ କରିଅଛି ନୂଆ ଭାବେ।

ଆଜି ଏଇ ପବିତ୍ର ଦିବସେ
ପ୍ରାର୍ଥନା କରୁଛି ବିଭୁ ପଦେ
ଆମର ଏ ଦାଂପତ୍ୟ ଜୀବନ
ସୁଖେ ବିତୁ ତାଙ୍କ ଆଶୀର୍ବାଦେ ।

ଆଜି ବି ଲାଗେ ସେମିତି, ଛନଛନ, କନକନ ମନ

ଆଜି ବି ଲାଗେ ସେମିତି, ଛନଛନ, କନକନ ମନ
ବିତିଛି କେତେ ବସନ୍ତ, ତଥାପି କଅଁଳେ ମିଠା ସ୍ୱପ୍ନ।

ତୁମକୁ ଦେଖିଲେ ଯେହ୍ନେ ବହିଯାଏ ତନୁରେ ପୁଲକ
ଜଡିଯିବା ପାଇଁ ଦେହେ, ମନ ହୁଏ ଖାଲି ଦକଦକ
ଏମିତି ରଙ୍ଗରେ ଭିଜେ, ଭୁଲିଯାଇ ବୟସର ଜ୍ଞାନ।

ତୁମେ ଦୂରେ ଥିଲେ ସଦା ହୃଦେ ମୋର ଛାଇ ରହିଥାଅ
ନୀରବେ ମୁଁ କହିଯାଏ କେତେ କଥା, ବ୍ୟଥା ତୁମ ସହ
ମୋ ଦୁନିଆଁ ତୁମେ ସିନା, ତହିଁରେ ମୁଁ ବନ୍ଧା ନିତିଦିନ।

ସୁଖେ ଦୁଃଖେ, କେତେ ବର୍ଷ ବିତି ତ ଗଲାଣି ତୁମ ସାଥେ
ତଥାପି ନିତ୍ୟ ନୂତନ ଲାଗେ କିଆଁ ତୁମ ପ୍ରେମ ଏତେ
ବୁଝି ବି ଅବୁଝା ହୋଇ, ଚାହେଁ ମୁଁ ସେ ପ୍ରେମିକା ଜୀବନ।

ଆଜି ବି ସେମିତି ଇଚ୍ଛା, ସେଇ ଭାବ ମନେ ମୋର ଜାଗେ
ବୁଲିବାକୁ ଫୁଲ ବନେ ତୁମ ହାତ ଧରି ଅନୁରାଗେ
ଗୁଣୁଗୁଣୁ ଗାଇବାକୁ ପ୍ରଣୟର ମିଠା ଗୀତ ମାନ।

ସମୟର ହିସାବରେ, ବୟସର ଛାପ ଏବେ ଦେହେ
ତଥାପି ମନରେ ସେଇ ପୁରୁଣା ପ୍ରେମିକା ଭାବ ବହେ।
ପ୍ରଭୁ ପଦେ ଅଳି ଆମ ପ୍ରେମ ସଦା ରହୁ ଅମଳିନ।

ଏ ମାହେନ୍ଦ୍ର ବେଳା

ଏ ମାହେନ୍ଦ୍ର ବେଳା
ମନ ସରୋବରେ ନଳିନୀ ବିକଶି ଦଶଦିଗ ମହକାଇଲା
ସୁଗନ୍ଧେ ପ୍ରାଣ ମୋହିଲା ।
ଏ ମାହେନ୍ଦ୍ର ବେଳା ।

ଗୁଣୁଗୁଣୁ ଗାଉଥିଲା ପବନ ତା ମଧୁ ସୁରେ
ଛୁଉଁଥିଲା ତନୁମନ ତା' କାଉଁରୀ ପରଶରେ
ଏତେ ରଙ୍ଗ ଥିଲା ସତେ ଏଇ ପୃଥିବୀରେ
ବିଞ୍ଚିଗଲା ଚାରିଦିଗେ କେଡେ ସରାଗରେ,
ମନେ ରଙ୍ଗ ଲାଗିଲା ।୧। - ଏ ମାହେନ୍ଦ୍ର ବେଳା

ଶୂନ୍ୟରେ ରୋଶଣି ଜାଳି, ଦଶଦିଗ ଚମକାଇ
ପକ୍ଷୀରାଜ ଘୋଡା ପରେ, ବୀର ରାଜପୁତ୍ର କେହି
ଦେଖୁଦେଖୁ ପହଞ୍ଚିଲା ସିଏ ମୋର କତି
ମୃଦ୍ୟୁ ହାସେ ଢାଳିଦେଲା ଅସରନ୍ତି ପ୍ରୀତି
ହୃଦ ବହକି ଗଲା ।୨। - ଏ ମାହେନ୍ଦ୍ର ବେଳା

ବାଜିଲା ଯୋଡି ମହୁରି, ଶଙ୍ଖ, ଢୋଲ, ଭେରୀ, ତୁରୀ
ବେଦୀପରେ ବେଦମନ୍ତ୍ର, ଅଗ୍ନି ଦେବ ପୂଜା କରି
ସ୍ୱାଧୀନ ଚେତନା ପରେ, ପଡିଲା ଶିକୁଳି
ଅହମିକା, ଅହଂ ଭାବ, ପଡିଲା ହୁଗୁଳି
ସବୁ ବଦଳି ଗଲା।୩। - ଏ ମାହେନ୍ଦ୍ର ବେଳା

କିଏ ଅବା ଜାଣିଥିଲା, ଦିନେ ଏମିତି ଘଟିବ
ଟିକିଏ ପ୍ରେମରେ ମନ, ଢଳି ଏମିତି ଝୁରିବ
ଆପଣା ମଣିଷ ମାନେ, ଦୂରେ ରହିଯିବେ
ଅଜଣା ଅଶୁଣା କିଏ, ଅନ୍ତରଙ୍ଗ ହେବେ
ବିଧି ବିଧାନ କଲା।୪। - ଏ ମାହେନ୍ଦ୍ର ବେଳା

ଯେଉଁଦିନ ତୁମେ ମୋର ଏଇ ଜୀବନେ ଆସିଲ
ଯାଦୁ ତୁମ ବଚନରେ ମୋହି ହୃଦୟ ଛୁଇଁଲ
ଆଖି ମୋର ଲାଖି ଗଲା, ତୁମ ଆଖି ସାଥେ
ଭାବିଲି କେମିତି ସ୍ୱପ୍ନ ଦେଖିଲି ଜାଗ୍ରତେ
ଶ୍ୱାସ ଅଟକି ଗଲା।୫। - ଏ ମାହେନ୍ଦ୍ର ବେଳା

ପ୍ରସାରିତ ବାହୁ ତୁମ ବ୍ୟାପି ମୋର ଆତ୍ମା ଛୁଏଁ
ହୃଦୟ ଆଡକୁ ଆପେ ଟାଣେ, ବିସ୍ତାରିତ ହୁଏ
ଭରିଦିଏ ସ୍ନେହ ତାପ, ସଂଚାରେ ସ୍ପନ୍ଦନ
ଶୀତଳ ପରାଣେ ମୋର ଜଗାଏ କଂପନ
ସତେ ସୁଧା ଝରିଲା।୬। - ଏ ମାହେନ୍ଦ୍ର ବେଳା

ବର୍ଷା ପରେ ତୁମେ ଆସ ଦୀପ୍ତ ଅଂଶୁମାନ ହୋଇ
ପ୍ରକାଶରେ ଉତ୍ତାପରେ ଦିଅ ଆକର୍ଷଣେ ଛୁଇଁ
ତୁମେ ଥିଲେ ଆଉ କିଛି ନଥାଏ ମୋ ଡର
ଆସୁ ଯେତେ ଝଡ ଝଞ୍ଜା ତୁମେ ତ ମୋହର
ସବୁ ସୁଖ ପସରା।୭। - ଏ ମାହେନ୍ଦ୍ର ବେଳା

କେଉଁ ଏକ ସୁନ୍ଦର ବେଳାରେ

କେଉଁ ଏକ ସୁନ୍ଦର ବେଳାରେ
ତୁମ ସହ ଭେଟ ହୋଇଥିଲା
କିଏ ସତେ ରଚିଲା କୁହୁକ
ମନ ଆପେ ଟାଣିହୋଇ ଗଲା ।
ସମ୍ମୋହିତ କଲା ତୁମ ଆଖି
ମୋ ଦୃଷ୍ଟିକୁ ବାନ୍ଧି ପିଞ୍ଜରାରେ
ଆଖି ମୋର ରହିଗଲା ଲାଖି
ଛନ୍ଦିହେଲି ଅଜଣା ମାୟାରେ ।
ସେହିଦିନୁ ସେହି ମୁହୂର୍ତ୍ତରୁ
ବାନ୍ଧିଛି ମୁଁ ମୋ ଆଖି ମୋ ଚିନ୍ତା
ତୁମ ସହ ଛନ୍ଦିଛି ଜୀବନ
ଚିତ୍ତେ ଜାଳି ପ୍ରେମର ସଳିତା ।
ଅନୁରାଗ, ରାଗ, ଅଭିମାନ
ହସ, ଖୁସି, ଲୁହର ସଙ୍ଗମ
ଋତୁଚକ୍ର ବଦଳିଛି ନିତି
ତଥାପି ଜୀବନ୍ତ ପ୍ରିତି ଆମ ।

ଯାହା ମୁଁ ଯେମିତି ରୂପ ଗୁଣେ
ତୁମ ସହ ଯାଇଛି ମିଳାଇ
ବନ୍ଧା ମୋ ଜୀବନ ତୁମ ସାଥେ
ତୁମ ପ୍ରେମ ଅମୃତ ମୋ ପାଇଁ ।

କେତେ ଯେ ମାଦକ ତୁମ ଛୁଆଁରେ

କେତେ ଯେ ମାଦକ ତୁମ ଛୁଆଁରେ, ମରୁରେ ସେ ଝର ଝରାଇଲା
କେତେ ଯେ କୁହୁକ ତୁମ ଚାହାଁରେ, ମନମୀନ ଟାଣି ନେଇଗଲା

କେତେ ଯେ ମନ୍ତର ତୁମ କୁହାରେ, ମୋ ଅନ୍ତର ପୋଷା ମାନିଗଲା
କେତେ ଯେ ଆବେଗ ତୁମ ସ୍ନେହରେ, ପଥରକୁ ତରଳାଇ ଦେଲା

କେତେ ଯେ ରଙ୍ଗର ତୁଳୀ ଛୁଆଁରେ, ତୁମେ ଆଙ୍କିଅଛ ମୋ ସପନ
କେତେ ଯେ ଭାବନା ସୁତା ଖିଅରେ, ତୁମେ ଗୁନ୍ଥିଅଛ ମୋ ଜୀବନ

ଆଜି ଏ ପବିତ୍ର ଶୁଭ ବେଳାରେ, ତୁମ ପାଇଁ ମୋର ଏ ମରମ
ତୁହାଇ ତୁହାଇ ପ୍ରେମ ଝରରେ, ଦୂରରୁ ପଠାଏ କୋଟି ଚୁମ୍ବନ

ତୁମ ପାଇଁ

ତୁମେ ମୋର ଏ ମନର
ଉଜ୍ଜ୍ୱଳ ପ୍ରଦୀପ ଶିଖା
ତୁମ ବିନୁ ଏ ଜୀବନ
ରହେ ସିନା ଫିକାଫିକା
ତୁମ ପାଇଁ ପ୍ରିୟତମ, ମହକଇ ମୋ ଦୁନିଆ
ତୁମ ପାଇଁ ଲଂଘିଯିବି, ଡେଇଁଯିବି ରଡନିଆଁ
ତୁମ ପାଇଁ, ତୁମ ପାଇଁ, ତୁମ ପାଇଁ।

ଅନାବନା ମୋ ଭାବନା
କେବେକେବେ ଭୁଲେ ପଥ
କଣ୍ଟକ ବନରେ ପଶି
ପାଦ ହୁଏ ରକ୍ତେ ସିକ୍ତ
ତୁମ ପାଇଁ, ଫେରି ମୁହିଁ, ଆସିଛି କଣ୍ଟାର ପଥ
ତୁମ ପାଇଁ, ସୁଖିଯାଏ, ଜୀବନର ସବୁ କ୍ଷତ
ତୁମ ପାଇଁ, ତୁମ ପାଇଁ, ତୁମ ପାଇଁ।

କାଳ ବୈଶାଖୀ, ଝଞ୍ଜା
କେତେଯେ ଆସିଛି ଝଡ
ଆରତେ ଆତ୍ମା ବିକଳେ
ଜୀବନ ନେଇଛି ମୋଡ

ତୁମ ପାଇଁ ନୂଆ ପଥେ, ସହଜେ ପାରିଛି ଚାଲି
ତୁମ ପାଇଁ ଅନ୍ଧାରରେ, ପ୍ରଦୀପ ଉଠିଛି ଜଳି
ତୁମ ପାଇଁ, ତୁମ ପାଇଁ, ତୁମ ପାଇଁ।

କେତେ ସ୍ୱପ୍ନ ଭାଙ୍ଗିଯାଏ
ଭୂକଂପେ ଥରାଇ ଦେହ
ଆଶ ହୁଏ ଦପଦପ
ଆଖିରୁ ଝରଇ ଲୁହ
ତୁମ ପାଇଁ ପ୍ରିୟ ମୁହିଁ, ପଡି ନିତି ଉଠୁଥାଏ
ତୁମ ପାଇଁ ପଛ ଭୁଲି, ନୂଆ ସ୍ୱପ୍ନେ ମଜ୍ଜିଯାଏ
ତୁମ ପାଇଁ, ତୁମ ପାଇଁ, ତୁମ ପାଇଁ।

ଆସିଛି ମୁଁ ବହୁଦୂର
ପ୍ରିୟ ତୁମ ହାତଧରି
ଜୀବନ ସିନ୍ଧୁର ସ୍ରୋତେ
ମେଲି ଦେଇ କ୍ଷୁଦ୍ର ତରୀ
ତୁମ ପାଇଁ ସବୁ ଭୟ, ଭୁଲି ମୁଁ ଆଗକୁ ଚାହେଁ
ତୁମ ପାଇଁ ବିଭୁ ପଦେ, ନିତି ମୁଁ ଭଜନ ଗାଏ
ତୁମ ପାଇଁ, ତୁମ ପାଇଁ, ତୁମ ପାଇଁ।

ତୁମ ପାଇଁ ପ୍ରିୟ ମୋର, ଜାଳୁଛି ଆଶା ଦୀପାଳି
ତୁମ ପାଇଁ ଗୀତ ଗାଇ, ନାଚେ ମୋ ମନ ମୟୂରୀ
ତୁମ ପାଇଁ ଡେଣା ମେଲି, ସପନ ରାଇଜେ ଉଡେ
ତୁମ ପାଇଁ ଖୁସି ଫୁଲ, ମୋ ମୁଖେ ହସ ବିଛାଡେ
ତୁମ ପାଇଁ, ତୁମ ପାଇଁ, ତୁମ ପାଇଁ।

ପୂରିଗଲା ସେ ତୁମ ପ୍ରେମରେ

ଶୂନ୍ୟତାର ସପନ ମୋର
ପୂରିଗଲା ସେ ତୁମ ପ୍ରେମରେ
ରଙ୍ଗହୀନ ଜୀବନ ମୋର
ରଙ୍ଗୀନ ହେଲା ତୁମ ପ୍ରେମରେ ।ପଦ।

ସାଥୀ ତୁମେ ଦେଖାଦେଲ
ଏମିତି ଏକ ବେଳାରେ
ଶୁଖି ମରି ଯାଇଥିଲା
ଆଶା ମୋ ଝାଞ୍ଜି ଖରାରେ
ଆଶାହରା ଜୀବନ ମୋର
ବିଭୋର ହେଲା ତୁମ ପ୍ରେମରେ ।୧ ।

ଘୁରୁଥିଲି ଅବିରତ
ପାହାଡ ଆଉ ବଣରେ
ଝରୁଥିଲା ରକ୍ତଧାରା
ପଥର ଝୁଣ୍ଟି ଭ୍ରମରେ
କ୍ଲାନ୍ତିଭରା ପଥ ଏ ମୋର
ଫୁଲେ ଭରିଲା ତୁମ ପ୍ରେମରେ ।୨ ।

ଲକ୍ଷ୍ୟହୀନ ଦିଗହୀନ
କୁହୁଡିଭରା ରାସ୍ତାରେ
ପଥଭୂଲି ପଥକୁ ମୁଁ
ଭିଜାଇ ଥିଲି ଲୁହରେ
ଦିଶହରା ଜୀବନ ମୋର
ଦିଶ ଦେଖିଲା ତୁମ ପ୍ରେମରେ।୩।

ଗଢିଥିଲି ଘରଟିଏ
ଯତନ କରି ମନରେ
ଲିପିପୋଛି ଚିତାଆଙ୍କି
କାହାର ଆବାହନରେ
ପାଦଥାପି ପ୍ରଥମ ଦୀପ
ଜଳାଇଲ ତୁମ ପ୍ରେମରେ।୪।

କେତେଥିଲେ ସାଙ୍ଗସାଥୀ
ହେବନି ଗଣି ଅଙ୍କରେ
ତଥାପି ମୁଁ ଏକୁଟିଆ
ବେଦନା, ଦୁଃଖ ପଙ୍କରେ
ସାଥୀ ହୋଇ ଆସିଲ ତୁମେ
ଦୁଃଖ ହରିଲ ତୁମ ପ୍ରେମରେ।୫।

ଅଣାୟତ ମନ ମୋର
କ୍ଷଣିକେ ବାଟବଣାରେ
ବୁଦ୍ଧି ଯେତେ ହଜିଯାଏ
ପଥର ଦେଖି ପଥରେ
ବିଚଳିତ ଭାବନା ମୋର
ଆୟତ କଲ ତୁମ ପ୍ରେମରେ।୬।

ଭାଳିହୁଏ ଦୁଃଖ କଥା

ଆନନ୍ଦ ସୁଖ ବେଳାରେ
ସୁଖ କ୍ଷଣ ଚାଲିଯାଏ
ଅପେକ୍ଷା ନ କରି ମୋରେ
ଛନ୍ଦହୀନ ଭାବନା ମୋର
ଭରିଲ ଛନ୍ଦେ ତୁମ ପ୍ରେମରେ।୭।

ଭାବୁଥିଲି ନିଜକଥା
ନଭାବି ଆନ କାହାରେ
ସବୁଇଚ୍ଛା ମୋ ପୂରିବ
ଅତୃପ୍ତି ନରହି ମୋରେ
ଦୁନିଆକୁ ଚିହ୍ନାଇଦେଲ
ବାନ୍ଧି ମନ ମୋ ତୁମ ପ୍ରେମରେ।୮।

ଅଘଟଣ ନିତିଦିନ
ଆଶଙ୍କା ପଶେ ମନରେ
ଦକାଦକ ହୁଏ ଛାତି
ଦୁଃଶ୍ଚିନ୍ତା ଭାବ ଜାଲରେ
ଦମ୍ଭ, ବଳ, ବିଶ୍ୱାସ ଦେଲ
ଭରସା ଦେଇ ତୁମ ପ୍ରେମରେ।୯।

ଦେହ ପୀଡା, ମନପୀଡା
ସବୁକୁ ବିଶ୍ୱାସ ବଳେ
ପ୍ରଭୁଙ୍କ କରୁଣା ଭାବି
ଏବେ ମୁଁ ସ୍ୱାଗତ କରେ
ବିଶ୍ୱାସର ଦିବ୍ୟ ଦୀପାଳି
ଜଳାଇ ଅଛ ତୁମ ପ୍ରେମରେ।୧୦।

ପ୍ରେମର ଏ, ନୂତନ ରଙ୍ଗ

ଛପିଛପି ଆସିଲ ତୁମେ ଜୀବନେ ପଶି
ବଦଳିଗଲା ମୋ ଦୁନିଆଁ, ଦିବସ ନିଶି।
ଦିବା ସ୍ୱପ୍ନ ଦେଖିଲି ମୁହିଁ, ବୁଡ଼ିଲା ବେଳ
ଉଜାଗରେ ବିତିଲା ନିଶି, ହୋଇ ବିଭୋର।୧।
ମୋ ପ୍ରିୟ, ମୋ ପ୍ରିୟ, ମୋ ପ୍ରିୟ

ରଙ୍ଗଛଡା ହୃଦୟ ପଟେ, ବୋଳିଲ ରଙ୍ଗ
ସରଜିଲା ମନ ନଈରେ, ଜଳ ତରଙ୍ଗ
ଭାସିଗଲି, ମଝି ନଈକୁ, ନଜାଣି ପାରି
ଡଙ୍ଗା ନେଇ, ନାବିକ ହୋଇ, ଦେଲ ଉଦ୍ଧରି।୨।
ମୋ ପ୍ରିୟ, ମୋ ପ୍ରିୟ, ମୋ ପ୍ରିୟ

ଆନମନା, ରହିଲା ମନ, ବିବ୍ରତ ଚିତ୍ତ
ପ୍ରତିଛବି, ତୁମର ସଦା, କଲା ଭ୍ରମିତ
ଫୁଲରେ ବି, ତୁମରି ବାସ୍ନା, ତୁମରି ରଙ୍ଗ
ପବନରେ, ତୁମ ନିଃଶ୍ୱାସ, ଛାଡେନି ସଙ୍ଗ।୩।
ମୋ ପ୍ରିୟ, ମୋ ପ୍ରିୟ, ମୋ ପ୍ରିୟ

ଦେବ କିଏ ଉତ୍ତର ମୋତେ, ଏ କେଉଁ ମାୟା
ଅଣାୟତ, କାହିଁକି ଚିତ୍ତ, ଥରଇ କାୟା
ବଞ୍ଚିଛି କି, ମରିଛି ମୁହିଁ, ନପାରେ ଜାଣି
ମୋ ଅସ୍ତିତ୍ୱ ନିଜେ ହଜାଇ, ଖୋଜଇ ପୁଣି ।୪।
ମୋ ପ୍ରିୟ, ମୋ ପ୍ରିୟ, ମୋ ପ୍ରିୟ

ଏବେ ସବୁ, ଦେହଘଷା ଏ, ପ୍ରେମ ଭାବନା
ଆୟତରେ, ରହେ ଏ ମନ, ହଜିଯାଏନା
ଡାକିଦେଲେ, ଫେରି ଆସଇ, ମୋଅର କତି
ପ୍ରେମର ଏ, ନୂତନ ରଙ୍ଗ, ରଙ୍ଗାଏ ନିତି ।୫।
ମୋ ପ୍ରିୟ, ମୋ ପ୍ରିୟ, ମୋ ପ୍ରିୟ

ବୟସର ଏ ଅନୁଭୂତି, ସବୁ ବୁଝଇ
ସୁଖଦୁଃଖ, ହସକାନ୍ଦର, ଦୁନିଆ ଏହି
ଏଠି ଥାଏ, ଗୋଲାପ ସାଥେ, କଣ୍ଟା ଗଛରେ
ବେଳେବେଳେ, କଣ୍ଟା ଫୁଟଇ, ରକତ ଝରେ ।୬।
ମୋ ପ୍ରିୟ, ମୋ ପ୍ରିୟ, ମୋ ପ୍ରିୟ

ଫୁଲ ହେଉ, କଣ୍ଟା ବି ହେଉ, ସବୁ ନିଜର
ତୁମେ ପାଶେ, ରହିଲେ ପ୍ରିୟ, ସବୁ ସୁନ୍ଦର
ରଙ୍ଗମଞ୍ଚ, ଏହି ସଂସାର, ମିଛ ମାୟାର
ହେଲେ ସତ, ଆମ ସଂପର୍କ, ପ୍ରେମ ଆମର ।୭।
ମୋ ପ୍ରିୟ, ମୋ ପ୍ରିୟ, ମୋ ପ୍ରିୟ

ବଖାଣିବି କିବା

ବଖାଣିବି କିବା ମୋ ପ୍ରିୟ ଚାତୁରୀ
ଷୋଳକଳା ବିମଣ୍ଡିତ ଗୁଣ ମାଧୁରୀ
ହାଏରେ ତାଙ୍କ କଥା ସତେ ବିଜୁଳି
ପାଟି ସେ ଖୋଲିଲେ ବାଜେନାହିଁ ବାଟୁଳି ।ପଦ।

କେତେବେଳେ ନଟବର,
ରସିକ କୃଷ୍ଣ ନାଗର
କେତେବେଳେ ମହେଶ୍ୱର
ଆଖିରେ ଜଳେ ଅନଳ
ଅହରହ ତରତର
ବିଷଦ ନୁହେଁ ଆଦର
ଯେତେବେଳେ ଯାହାମନ
ସେ କ୍ଷଣେ ସେ ଦରକାର ।୧ ।

ବେଳେବେଳେ ଅତି ଭୋଳ
ଭୁଲିଯାନ୍ତି ସ୍ଥାନ, କାଳ
ନିଜ ମନେ ନିଜେ ରାଜା
ନଥାଏ ରୀତି ବିଚାର
ସବୁ କାମେ ଧୁରନ୍ଧର
ନଥାଏ ପ୍ରଭେଦ କାର
କେତେବେଳେ ମାଲିକ ସେ
ସାଜନ୍ତି କେବେ ଚାକର । ୨ ।

ବନ୍ଧା ଆଜି ମୁହିଁ ମୋ ମନରେ

ବନ୍ଧା ଆଜି ମୁହିଁ ମୋ ମନରେ
ବନ୍ଦୀ ଆଜି ମୁହିଁ ମୋ ମନରେ
ନାହିଁ ମୋର ବଳ ଭାଙ୍ଗି ଏ ଶୃଙ୍ଖଳ
 ମନଠାରୁ ଚାଲିଯିବି ଦୂରେ ।

ପ୍ରାଚୀର ଗଢିଛି ମନ ମୋର
ଅଭେଦ୍ୟ, ଅଛେଦ୍ୟ, ପ୍ରସ୍ତରର
ମୁଣ୍ଡ ପିଟିହେଲେ, ଲହୁ ଝରିଗଲେ
 ଜାଣନ୍ତିନି କେହି ଆନ ନର ।

ସେହି ମନ ଦିନେ ତୁମ ପାଇଁ
ପାଗଳିନୀ ପ୍ରାୟ ପ୍ରୀତି ବହି
ଲଂଘି କଣ୍ଟାବଣ, ଅନ୍ଧାର ଦୁର୍ଗମ
 ତୁମ ମନ ପଛେ ଥିଲା ଧାଇଁ ।

ସମାଜ କରିଲା କେତେ ଥୁଥୁ
ନ ହୋଇ ବିଚ୍ୟୁତ ତିଳେ ଊଁଚୁ
ତୁମ ହାତ ଧରି ଗୃହ ତ୍ୟାଗ କରି
 ଏକ ବସ୍ତ୍ରେ ମାରିଥିଲା ସେ ଛୁ ।

ଶେଷରେ ପ୍ରବାସ ଆଦରିଣ
ସଂସାର ମେଲିଲା ହୋଇ ମଗ୍ନ
ଦଳି ସର୍ବ ବାଧା ଦୁଃଖ, କଷ୍ଟ, ନିନ୍ଦା
ତୁମ ପ୍ରେମେ ସବୁ ସମର୍ପିଣ।

ସମୟ ଚାଲିଲା ନିଜ ବାଟେ
ସଂପର୍କ ଆମର, ଯୋଡେ, ଫାଟେ
ଶେଷେ ସେଇ ମନ, ତେଜିଲା ବନ୍ଧନ
ନ ଚାହିଁ ଆଉ ସେ ତୁମ ପଟେ।

ଏବେ ମୁଁ ଗଢିଛି ନିଜ ଘର
ରାଜାର ମହଲ ପରକାର
ଦେଖିଦେଲେ ଆଖି, ରହିଯାଏ ଲାଖି
ସବୁଠି ବିଭବ ଅଛି ଠୁଳ।

ରାଣୀ ମୁଁ କାହାର ନୁହେଁ ଦାସୀ
ମନ ବାନ୍ଧିଅଛି ତାହା କସି
ତୁମ ପ୍ରେମ ସ୍ମୃତି, ଆସନ୍ତି ଯାଆନ୍ତି
ଭସା ମେଘ ଭଳି କେବେ ଭାସି।

ଜୀବନେ ମୋ ଏକ, ନୂଆ ରାଗ
ମୋ ପାଇଁ ମୋହର ଅନୁରାଗ
ମନ ଯା କହଇ, ତାହା ମୁଁ କରଇ
କାହାର ନଥାଏ ତହିଁ ଭାଗ।

ଚିହ୍ନୁଛି ନିଜକୁ ନୂଆ କରି
ଆପଣା ଜୀବନ ଲକ୍ଷ୍ୟ ସ୍ଥଳୀ
ନିଜେ ନିଜ ମତେ ବଞ୍ଚିବାର ଅର୍ଥେ
ରହିଛି ଆନନ୍ଦ ମଧୁ ଭରି।

ଚିତ୍ତ ଚିନ୍ତନରେ ମୋର

ଚିତ୍ତ ଚିନ୍ତନରେ ମୋର, ଧ୍ୟାନ, ସପନରେ ମୋର
ପ୍ରେମ ମନ୍ଦିରରେ ମୋର, ହୃଦୟ ଧାରାରେ ମୋର
ତୁମେ ବିରାଜିଛ ପ୍ରିୟ, ସ୍ମୃତି ଭାବନାରେ ମୋର
ତୁମେ ବିସ୍ତାରିଛ ବନ୍ଧୁ, ହୋଇ ସୁଖ, ଖୁସି ଧାର।

ଯେବେ ଦେଖିଥିଲା ଆଖି, ସହସା ଗଲା ପରଖି
ତୁମେ ମୋର ମନଲାଖି, ସଂଯୋଗ ଆଣିଲା ଡାକି
ପ୍ରୀତି, ଅନୁରାଗ ବଳେ, ଆକର୍ଷି ଆମେ ଧାଇଁଲେ
ଚନ୍ଦ୍ରାଲୋକ ପିଇଗଲେ, ଉଡି ନକ୍ଷତ୍ର ଗହଳେ।

ନିଜେ ନିଜମନ ଭୁଲି, ତୁମକୁ ମନେ ଭାବିଲି
କେବେ ମେଘ ଛୁଇଁଦେଲି, କେବେ ଆକାଶେ ଉଡିଲି
ତୁମ ସ୍ନେହର ପରଶ, ଜଗାଇଲା ଯେ ରୋମାଞ୍ଚ
ସ୍ୱପ୍ନ ହୋଇଲା ଜୀବନ୍ତ, ଉତ୍ତାଳ ଢେଉ ଉଚ୍ଛ୍ୱାସ।

ସମୟର ତାଳେତାଳେ, ସାଥୀ ତୁମ ପ୍ରେମ ବଳେ
ଆସିଛି ମୁଁ ଏତେ ଦୂରେ, ଭାବିଲେ ହୃଦୟ ଥରେ
ବିତିଛି ଏତେ ବରଷ, ତଥାପି ଆବେଗ ସ୍ପର୍ଶ
ପୁଲକିତ ପ୍ରତି କ୍ଷଣେ, ଭରି ଆନନ୍ଦ, ଉଲ୍ଲାସ।

ସଂସାର ପଥେ କଷଣ, ଦୁଃଖ, ସମସ୍ୟାର ମେଳ
ସହିଛନ୍ତି ଆମେ ମିଶି, ଅନୁରାଗ ରଖି ସ୍ଥିର
ଈଶ୍ୱର ବିଶ୍ୱାସ ସାଥେ, ଆଶାଦୀପ ଜାଳି ହୃଦେ
ବାହିଛନ୍ତି ଆମ ନୌକା, ସଙ୍କଟ ସାଗର ମଧ୍ୟେ।

ଆମ ପ୍ରେମ, ଦୁଃସାହସ, ତୁଳନା ତାହାର ନାହିଁ
ସମାଜ, ସମାଲୋଚନା, ପାରିନି କେବେ ଡରାଇ
ଆତ୍ମା ଆମ ମିଶିଯାଏ, ଐଶ୍ୱରୀୟ ଇଙ୍ଗିତରେ
ଅନେକ ହୁଏ ସମ୍ଭବ, ଯୁଗ୍ମ ଚେତନାର ବଳେ।

ଏଣୁ ଏ ଶୁଭ ଦିବସେ, ପ୍ରତି ବରଷ ପ୍ରକାରେ
ପ୍ରାର୍ଥନା କରଇ ମୁହିଁ ପ୍ରଭୁଙ୍କ ଶ୍ରୀପାଦ ତଳେ
ଆମର ପ୍ରେମ, ବିଶ୍ୱାସ, ରହୁ ସଦା ଅମଳିନ
ଈଶ୍ୱର ଆଶୀଷ ଧାରା, ହରଷେ ଭରୁ ଜୀବନ।

ଭଲଲାଗେ, ଭଲଲାଗେ, ତୁମକୁ ଭଲ ପାଇବାକୁ

ଭଲଲାଗେ, ଭଲଲାଗେ, ତୁମକୁ ଭଲ ପାଇବାକୁ
ଭଲଲାଗେ ଭଲଲାଗେ, ତୁମକୁ ପାଖେ ଦେଖିବାକୁ।
ତୁମ ହସ ହେଉ, କି ରାଗ ହେଉ
ଭଲଲାଗେ ମୋତେ, ତୁମେ ଯେଉଁମତେ
ସେଇମତେ ବାନ୍ଧି ରଖିବାକୁ।

କାନ୍ଦିବାବେଳାରେ ତୁମେ ଖେଳାଅ ମୋ ମୁହେଁ ହସ
ରାଗିବାବେଳାରେ ତୁମେ ଝରାଅ କେତେ ଯେ ରସ
କଣ୍ଟା ପଡିଥିଲେ, ମୋ ଚଲାପଥରେ
ତୁମେ ଆସିଯାଅ ଫୁଲ ବିଛିବାକୁ।୧।

ସପନ ମୋ କେତେକେତେ, ନାହିଁତ ତାହାର ସୀମା
ଆଶା ମୋର ଅସରନ୍ତି, କଳିତ ହୁଏନା ଜମା
ଲକ୍ଷ୍ୟ ଭୁଲିଗଲେ ପଥ ହୁଡିଗଲେ,
ତୁମେ ଚାଲିଆସ ହାତ ଧରିବାକୁ।

ତୁମକୁ ଚାହେଁ ମୁଁ ଯେତେ, ତୁମେ ଭାବିପାରିବନି
ମୋ ଭଲପାଇବା ଯେତେ, ତୁମେ କଳିପାରିବନି
ମହୋଦଧି ଜଳ, ତହୁଁ ବି ଗଭୀର
ଅନୁରାଗ ଲୋଡା ତାକୁ ବୁଝିବାକୁ।

ସୁରୁଜ ପରାଏ ତୁମେ, ମୋ ମନର କମଳିନୀ
ଫୁଟାଇ ଛୁଟାଅ ବାସ, ଭରି ପ୍ରୀତି ସଂଜିବନୀ
ନଥାଏ ପଉଷ ଜାଡ, ନଥାଏ ଗ୍ରୀଷମ ତାଡ
ତୁମେ ଚାଲିଆସ, ରଙ୍ଗ ଭରିବାକୁ।

ଭାବନା ମୋ ରହେ ସଦା, ତୁମପାଇଁ ଦିନରାତି
କାମନା ମୋ ଏଇରୂପେ, ଜୀବନ ଯାଆନ୍ତା ବିତି
ଆଜି ଏ ବେଳାରେ, ବିଭୁଙ୍କ ପୟରେ
ପ୍ରାର୍ଥନା ମୋ ନିତ୍ୟ ତାହା ପାଇବାକୁ।

ମନେ ମାନିନେଲି

ପ୍ରଥମ ଦେଖାରେ ତୁମର ମୋହରେ
ହୋଇଲି ମୁଁ ମୋହାଛନ୍ନ
ଭୁଲିଗଲି ନୀତି, ଅନୀତି ବିଚାର
ପ୍ରେମରେ ହୋଇ ବିଲୀନ ।୧ ।

ମନେ ମାନିନେଲି ତୁମ ପ୍ରେମ ସଙ୍ଗୀ
ଜୀବନସାଥୀ ସାଜିବି
ଆଉ ସେ ହୃଦୟେ ଆନ କେଉଁ ଚିତ୍ର
କେବେ ବି ମୁଁ ନ ଥାପିବି ।୨ ।

ମନେ ଥିଲା ଭୟ, ସାବିତ୍ରୀ ପରାୟ
ସତ୍ୟବାନେ ଦେଇ ଚିତ୍ତ
ନଜାଣି ନଶୁଣି, ସଙ୍କଟ ବରଣି
ହେବିନି ମୁଁ ତ କ୍ଷତାକ୍ତ ।୩ ।

ସାମାନ୍ୟ ନାରୀ ମୁଁ ସାବିତ୍ରୀ ସମାନ
ନାହିଁ ତ ମୋ ତପ ବଳ
ମନ ଚିତ୍ରଟିରେ ଏମନ୍ତ ମହତ୍ତ୍ୱ
ଦେବା କି ଭଲ ବିଚାର ।୪ ।

କିଏ ଜାଣେ ସିଏ କେମିତି ମଣିଷ
କେମିତି ତାଙ୍କର ରୁଚି
ପରିବାରେ ତାଙ୍କ କିଏ ସେ ଅଛନ୍ତି
ସେମାନଙ୍କ ଇଚ୍ଛା ସୁଚୀ ।୫ ।

ସେମାନେ କି ସତେ ଆଦରିବେ ମତେ
ମିଶିବ ଜାତକ ଆମ
ମୋ ପରି ସାମାନ୍ୟ ଝିଅଟିଏ କିବା
ହେବ ତାଙ୍କ ସରିସମ ।୬ ।

ମନେମନେ ସତେ ସଂଯୋଗ ଲାଗିଲା
କିଏସେ ଆଣିଲା ଟାଣି
ଆମ ଦୁହିଁଙ୍କର ମିଳନ ହୋଇଲା
ବିହିଙ୍କ ନିର୍ଦ୍ଦେଶେ ପୁଣି ।୭ ।

ଜାଣିଲି ଏସବୁ ବିଧିର ବିଧାନ
ନାହିଁ ତହିଁ କାହା ବଳ
ପ୍ରଜାପତିଙ୍କର ଘଟସୂତ୍ର ଖେଳ
ଆମ ଦୁହିଁଙ୍କର ମେଳ ।୮ ।

ମନେ ମାନିନେଲି ତାଙ୍କୁ ଆଦରିଲି
ଚାହିଁନି ପଛକୁ ଫେରି
ରାଗ ଅନୁରାଗ ମଧ୍ୟେ ଚାଲିଅଛି
ଆମର ଜୀବନ ତରି ।୯ ।

ମନେ ମାନିଥିଲି ମନକୁ ମୋହର
ମିଳିଗଲା ସେଇ ସାଥୀ
ମାଦକ ଭରା ସେ ନୂଆ ପ୍ରେମ ରଙ୍ଗ
ଜୀବନେ ଅଭୁଲା ସ୍ମୃତି ।୧୦ ।

ମୁଁ ତୁମ ପ୍ରିୟତମା ବୋଲି

କହିବିନି କହିବିନି ବୋଲି
ସବୁକଥା କହିତ ମୁଁ ଦେଲି
ଲେଖିବିନି ଲେଖିବିନି ବୋଲି
କବିତାରେ ସବୁ ଲେଖିଦେଲି
ତୁମେ ମୋର ପ୍ରିୟ
ମୁଁ ତୁମ ପ୍ରିୟତମା ବୋଲି ।୧ ।

ଗାଇବିନି ଗାଇବିନି ବୋଲି
ଗାଇଲି ମୁଁ ଗୀତ ଉଚ୍ଚସୁରେ
ମୋ ମନର ସେନେହ ଶରଧା
ସେ ଗୀତର ଶବ୍ଦ ହୋଇ ଝରେ
ତୁମେ ମୋ ହୃଦୟ
ବୀଣାର ମୁରୁଛନା ବୋଲି ।୨ ।

ନଳିନୀରେ ନଳିନୀ ଯେମନ୍ତେ
ଫୁଟିଯାଏ ସୁରୁଜ ଦେଖିଲେ
ତୁମ ସହ ଦେଖାହେବା ପରେ
ମୋ ମନ ନଳିନୀ ଫୁଟି ଖେଳେ
ତୁମେ ମୋ ସୁରୁଜ
ଖୁସିର କିରଣ ଦିଅ ଢାଳି ।୩ ।

ନୀଳକଇଁ ରହିଥାଏ ଚାହିଁ
ଚନ୍ଦ୍ରମା ଦେଖିଲେ ଫୁଟିଥାଏ
ତୁମ ମୁହେଁ ହସଟି ଦେଖିଲେ
ମୋ ମନେ ଆନନ୍ଦ ଫୁଟିଯାଏ
ତୁମେ ମୋ ଅନ୍ତରେ
ଜୋଛନା ଭରିଛ ଏତେ ବୋଲି ।୪।

ଚାତକ ମୁଁ ସଦା ରହେ ଚାହିଁ
ତୁମ ସ୍ନେହ ଜଳ ଟିକେ ପାଇଁ
ନଶୁଣିଲେ ସେନେହ ବଚନ
ଆତ୍ମା ଝୁରେ ଛଟପଟ ହୋଇ
ତୁମେ ତ ମୋ ପାଇଁ
ସୁଶୀତଳ ନୀର ଧାରା ବୋଲି ।୫।

ତୁମେ ମୋ ବସନ୍ତ ଅନୁରାଗ
ରଙ୍ଗ ଭର ଏ ଜୀବନେ ନିତି
ଦୁର୍ଲଭ ରତନ ତୁମ ସଙ୍ଗ
ଅନୁପମ ତୁମ ସ୍ନେହ, ପ୍ରୀତି
ତୁମେ ମୋ ଜୀବନେ
ମଳୟ ପବନ ଦିଅ ଚାଳି ।୬।

ତୁମେ ମୋର ମନ କାନନରେ
ପହିଲି କୋଇଲି ମଧୁତାନ
କୋଟି ସୁନା ସ୍ୱପ୍ନ କଳପନା
ନବ ମଧୁମାସ ଫୁଲବନ
ତୁମେ ମୋର ଆଶା
ଆଶ୍ୱାସନା ପ୍ରୀତି କଳ୍ପପୁରୀ ।୭।

ତୁମେ ଶ୍ୟାମ ବସନ୍ତ କାକଳି

ଶୁଭ ଶଙ୍ଖ ମଙ୍ଗଳ ବିତାନ
ଏ ଜୀବନେ ତୁମ ଆଗମନ
ସୁରଭିତ ଫୁଲ ଉପବନ
ତୁମେ ଅଙ୍ଗେ ଅଙ୍ଗେ
ଦେଇଛ ପ୍ରୀତିର ରଙ୍ଗ ବୋଳି।୮।

ସାଥିରେ, ସାଥିରେ ତୁମ ପାଇଁ ମୋର ଅନୁରାଗ

ସାଥୀରେ, ସାଥୀରେ, ତୁମ ପାଇଁ ମୋର ଅନୁରାଗ
ପୁରୁଣା ହେଲେ ବି ଯେତେ ବଢଇ ନିତି ସୋହାଗ ।

ସୁରୁଜ କିରଣ ବିଞ୍ଚି, ସେନେହ ଅମୃତ ସିଞ୍ଚି
ଫୁଟାଇଛ କେତେ ଫୁଲ, ବିସ୍ତରିଛ ସେ ପରାଗ ।

ମୋ ଚିତ୍ତ, ଚିନ୍ତା, ଭାବନା, ସବୁଥିରେ ତୁମେ ସିନା
ଏ ଧରାରେ ତୁମ ସାଥେ ମିଶି ପାଇଛି ସରଗ ।

କରିଣ କେତେ କୁହୁକ, ଭରିଛ ପ୍ରେମ ମହକ
ବାନ୍ଧିଛ ଜୀବନ ମୋର, ପରଶି ସଂଯୋଗ ।

ଆଜି ସେ ସ୍ମୃତି ସକଳ, ଝରେ ହୋଇ ଖୁସି ଝର
ଭିଜଇ ମୋ ତନୁ, ମନ, ଲିଭେ ବୟସର ଦାଗ ।

ଏତିକି କାମନା ମନେ, କରୁଛି ବିଭୁ ଚରଣେ
କରୁଣା ତାଙ୍କର ସଦା, ଶୁଭରେ ସଜାଉ ଭାଗ୍ୟ ।

ଶୋଚନା

ଇଚ୍ଛା ହୁଏ

ଇଚ୍ଛା ହୁଏ, ଉଷ୍ମତା କା ଦେହର, କା ପରଶର
ଇଚ୍ଛା ହୁଏ, ମମତା କା କୁହାର, କା ହୃଦୟର
ଇଚ୍ଛା ହୁଏ, ପାଶେ ମୋର ଥାଆନ୍ତି କି ଆଉ ଜଣେ
ଇଚ୍ଛା ହୁଏ, ଶୁଣିବାକୁ ଆଉ କାହା କଥା କ୍ଷଣେ।

ଏକାଏକା ଏତେ ବର୍ଷ ଜିଇଁଛି ମୁଁ କାହାପାଇଁ
ଶୂନ୍ୟତାରେ ଭରାଘର ପାଶେ ମୋର କେହି ନାହିଁ।
ପରିଣତ ବୟସର ମାଡ ମୋର ଅଙ୍ଗେ ଅଙ୍ଗେ
ମନ ବ୍ୟଥା, ଦେହ ବ୍ୟଥା, ବ୍ୟଥା ଯେତେ ନିତି ଭୋଗେ।

ଦିନ ଥିଲା, ସବୁ ଥିଲା, ପତ୍ନୀ, ସନ୍ତାନର ମେଳ
ଆଜି ଖାଲି ସ୍ମୃତି ହୋଇ, କରେ ଯେତେ କଳବଳ
ଶୁଭଥିଲା କୋଳାହଳ, ରାତି ଦିନ, ଅହରହ
ରାଗ ରୋଷ, ଯୁକ୍ତି ତର୍କ, ମଧ୍ୟେ ପୁରିଥିଲା ସ୍ନେହ।

ପୁଣି କେଉଁ ଅଭିଶପ୍ତ କ୍ଷଣେ, ସବୁ ଗଲା ଯେ ଓଲଟି
ଛୋଟ କଥା, ବଢିଗଲା, ସରିଗଲା ସଂପର୍କ ସେଇଠି
ହୋମ ନିଆଁ ମିଛ ହେଲା, ସତ୍ୟ ହେଲା ଆମର ଦୂରତା
ଚରିଗଲା ବିଷ କ୍ଷଣେ, ଛିଡିଗଲା ସଂପର୍କର ସୁତା।

ପିଲାମାନେ ବଡ ହେଲେ, ଚାଲିଗଲେ ନିଜନିଜ ବାଟେ
ଏକୁଟିଆ ମଣିଷ ମୁଁ ଏକାଏକା ଏ ଜୀବନ କାଟେ
ବୟସର ନିଷ୍ଠୁରତା, ଆଜି ମତେ କରିଛି ବିବଶ
ହାତଗୋଡ ଚାଲେ ନାହିଁ, ଜୀବନଟା ଲାଗେ ଏବେ ବିଷ।

ତୁମେ ଅଛ, ମୁଁ ଅଛି, ହେଲେ କେତେ ଦୂରତା ଆମର
ଏ ଜୀବନ ଅନ୍ତ କ୍ଷଣେ ଇଚ୍ଛା ହୁଏ ସୋହାଗ ତୁମର
ଇଚ୍ଛା ହୁଏ ତୁମ ହାତ, ସ୍ନେହ ସ୍ପର୍ଶ, ଆଉଁଶା, ଆଦର
ଇଚ୍ଛା ହୁଏ ଶୁଣିବାକୁ ତୁମ ହସ, ତୁମ ମିଠା ସ୍ୱର।

ଇଚ୍ଛା ହୁଏ, ଖାଇବାକୁ ତୁମ ରନ୍ଧା ତିଅଣ, ସାକର
ଇଚ୍ଛା ହୁଏ, ଦେଖିବାକୁ ତୁମ ଛବି, ଶାଢୀବୃଡା ଶୀର
ଇଚ୍ଛା ହୁଏ, ହୃଦ ଖୋଲି କହିବାକୁ ସବୁ ଦୋଷ ମୋର
ଇଚ୍ଛା ହୁଏ, ଅନ୍ତ କ୍ଷଣ ବିତନ୍ତା ମୋ ତୁମରି ସଙ୍ଗର।

ଇଚ୍ଛା ହୁଏ, ଇଚ୍ଛା ମୋର ପାଲଟନ୍ତା ପକ୍ଷୀରାଜ ଘୋଡା
ସେ ଘୋଡାରେ ଉଡିଯାନ୍ତି, ହୋଇଯାନ୍ତି ତୁମ ଆଗେ ଛିଡା
ଇଚ୍ଛାର ତ ମୃତ୍ୟୁ ନାହିଁ, ଅନ୍ତନାହିଁ ମୋର ଏ ସ୍ନେହର
ମୋ ଇଚ୍ଛାର ଭଗବାନ, ଦିଅ ମୋତେ ଇଚ୍ଛା ପ୍ରାପ୍ତି ବର।

କବିତା ସମ୍ବନ୍ଧରେ – ଏହି କବିତାଟି ଜଣେ ବୟସ୍କ ବ୍ୟକ୍ତିଙ୍କ ଅନୁଭବକୁ ନେଇ ଲେଖା ହୋଇଛି। ଭୁଲ୍‌ବୁଝାମଣାର ଶୀକାର ହୋଇ ସେ ନିଜ ପତ୍ନୀଙ୍କ ଠାରୁ ଅଲଗା ରହୁଛନ୍ତି। କିନ୍ତୁ ଏବେ ଇଚ୍ଛା କରୁଛନ୍ତି ପତ୍ନୀ ତାଙ୍କ ପାଖରେ ଥିଲେ, ବାର୍ଦ୍ଧକ୍ୟ କାଟିବା ଏତେ କଷ୍ଟ ହୁଅନ୍ତାନି।

ଏବେ ତାକୁ ସବୁ ଛାଡିଦେ

ଏତେଦିନ ଯାହା ଧରି ରଖିଥିଲୁ, ଏବେ ତାକୁ ସବୁ ଛାଡିଦେ
ଯେଉଁ ସ୍ମୃତି ମନେ ଆଣିଦିଏ ବ୍ୟଥା, ଦେଇଥିଲା ଦୁଃଖ, ଯନ୍ତ୍ରଣା ବ୍ୟଥା
ମନ ଘରୁ ତାକୁ କାଢିଦେ
ଏତେଦିନ ଯାହା ଧରି ରଖିଥିଲୁ, ଏବେ ତାକୁ ସବୁ ଛାଡିଦେ ।ପଦା

ମଣିଷ ମାତ୍ରକେ ଭୁଲ୍ ହୋଇଯାଏ, ଭାବାବେଶ ଯେବେ ପ୍ରବଳ
ବୁଦ୍ଧି ଓ ବିଚାର ଦୂରେଇ ଯାଆନ୍ତି, ବିବେକ ହୁଅଇ ଦୁର୍ବଳ
ସେହି ସନ୍ଧି କ୍ଷଣେ, ଘଟିଯାଏ ଯାହା, ନିୟନ୍ତ୍ରଣ ତହିଁ ହୁଏନାହିଁ ସାହା
ସେ କ୍ଷଣକୁ କ୍ଷମା କରିଦେ
ଏତେଦିନ ଯାହା ଧରି ରଖିଥିଲୁ, ଏବେ ତାକୁ ସବୁ ଛାଡିଦେ ।୧ ।

ତୁ ବି କେବେକେବେ ଲକ୍ଷ୍ମଣ ରେଖାକୁ, ଦେଖିନପାରି ମୋହବଳେ
ରେଖା ଡେଇଁ ଯେବେ ହେଉ ଅଗ୍ରସର, ପଡୁ ରାବଣର କବଳେ
ଏକାଏକା ବସି ଅଶୋକ ବନରେ, ସେପାଇଁ ନୟନୁ ଲୋତକ ତୋ ଝରେ
ସେ ସ୍ମୃତିର ଶିକ୍ଷା ଘୋଷିଦେ
ଏତେଦିନ ଯାହା ଧରି ରଖିଥିଲୁ, ଏବେ ତାକୁ ସବୁ ଛାଡିଦେ ।୨ ।

ନିଜ ଅବସ୍ଥାର କରି ଅନୁଧ୍ୟାନ, ଦେଶ, କାଳ, ପାତ୍ର ବିଚାର
ସେହିପରି ଅନ୍ୟ ମଣିଷ ଚରିତ୍ର, ବୁଝିବାକୁ ଚେଷ୍ଟା ତୁ କର
ହୁଏତ କେଉଁଠି ଭୁଲ୍ ବୁଝାମଣା, ଘଟାଇଛି ସେହି ଅପ୍ରିୟ ଘଟଣା
ମନରୁ ତାକୁ ଲିଭାଇଦେ
ଏତେଦିନ ଯାହା ଧରି ରଖିଥିଲୁ, ଏବେ ତାକୁ ସବୁ ଛାଡିଦେ ।୩ ।

କେଉଁ ବନ୍ଧୁ କେବେ ଉପେକ୍ଷା କରିଲା, କହିଲା ଅପ୍ରିୟ ସ୍ୱଜନ
କିଏ କେଉଁଠାରେ ଅପମାନ ଦେଲା, କଥା ନ ଶୁଣିଲା ସନ୍ତାନ
ଏହି ସବୁ କଥା ଚିନ୍ତା କଲେ ବସି, ସୁଖର ସମୟ ଯାଏ ହାତୁ ଖସି
ତେଣୁ ସେ ଚିନ୍ତାକୁ ପୋଛିଦେ
ଏତେଦିନ ଯାହା ଧରି ରଖୁଥିଲୁ, ଏବେ ତାକୁ ସବୁ ଛାଡିଦେ ।୪ ।

ମନେ ରଖିବାରୁ ସେ ଦୁଃଖର ସ୍ମୃତି, ମନେ ଭରିଲା ରାଗ, ରୋଷ
ମନ ରାଗ, ରୋଷ, ହୃଦୟକୁ ଟାଣି, ଶରୀରକୁ କଲା ବିବଶ
ଆଜି ଦେହ ବ୍ୟଥା, କାଲି ମୁଣ୍ଡ ବ୍ୟଥା, ଭାରୀ ହେଲା ମୁଣ୍ଡ, ରହି ନାନା ଚିନ୍ତା
ମୁଣ୍ଡକୁ ହାଲୁକା କରିଦେ
ଏତେଦିନ ଯାହା ଧରି ରଖୁଥିଲୁ, ଏବେ ତାକୁ ସବୁ ଛାଡିଦେ ।୫ ।

ତୁଳନା ନକରି ଅନ୍ୟର ସୌଭାଗ୍ୟ, ଯଶ, ସଫଳତା, ସମ୍ମାନ
ଦୁଇ ଫଳ କେବେ ସମାନ ନୁହଁନ୍ତି, ଅଲଗା ତାଙ୍କ ରସ, ଗୁଣ
ତେବେ ଦୁଇ ଫଳ, ଶରୀରକୁ ପୁଷ୍ଟ, ନିଜନିଜ ସ୍ୱାଦେ କରିଥାନ୍ତି ତୁଷ୍ଟ
ତୁଳନାକୁ ମନୁ ତଡିଦେ
ଏତେଦିନ ଯାହା ଧରି ରଖୁଥିଲୁ, ଏବେ ତାକୁ ସବୁ ଛାଡିଦେ ।୬ ।

ଏ ସଂସାରେ ଯାହା ଘଟୁଅଛି ନିତି, ସବୁ ଘଟେନି ତୋ ଇଚ୍ଛାରେ
ସଂସାର ମାଲିକ, ନିଜ ଇଚ୍ଛା ମତେ, ଖେଳ ଦେଖାନ୍ତି ସବୁ ସ୍ଥଳେ
ଋତୁ ଚକ୍ର ଭଳି, ଭଲ, ମନ୍ଦ ଦିନ, ପ୍ରଭାବିତ କରେ ସମସ୍ତ ଜୀବନ
ସେ ଦିବ୍ୟ ଜ୍ଞାନକୁ ବୁଝିଦେ
ଏତେଦିନ ଯାହା ଧରି ରଖୁଥିଲୁ, ଏବେ ତାକୁ ସବୁ ଛାଡିଦେ ।୭ ।

ଆତ୍ମା ରେ ତୋ ପରମାତ୍ମା ଅବସ୍ଥାନ, ଚଲାନ୍ତି ତୋ ଜୀବନ ରଥ
ତାଙ୍କ ସହ କଲେ ଭାବ ବିନିମୟ, ବୁଝିବେ ସେ ତୋ ମନୋରଥ
ପ୍ରତି କର୍ମେ ଏବେ କରି ତୁହି ଧ୍ୟାନ, ପରମାତ୍ମା ପଦେ କର ସମର୍ପଣ
ନିଜକୁ ତାଙ୍କୁ ଅରପି ଦେ
ଏତେଦିନ ଯାହା ଧରି ରଖୁଥିଲୁ, ଏବେ ତାକୁ ସବୁ ଛାଡିଦେ ।୮ ।

କିଛି ପ୍ରେମ କିଛି ସୁଖ

କିଛି କଥା କହିହୁଏ, କିଛ ରହିଯାଏ
କିଛି ସ୍ମୃତି ଖୋଲିହୁଏ, କିଛି ରହିଯାଏ
କେବେ ହୃଦୟ ଭିତରେ
କେବେ ମନ ଆଇନାରେ
ସେଇ କଥା, ସେହି ସ୍ମୃତି, ରୂପ ନେଇଯାଏ। ପଦା

କିଛି ଲୁହ ବହିଯାଏ
ଦୁଃଖ ଧୋଇଦିଏ
କିଛି ଲୁହ ରହିଯାଏ
ହୃଦକୁ ଭସାଏ
ରହିଥିବା ଲୁହ ପୁଣି
କେବେ ଝଡ ରୂପ ଘେନି
ସାଇତା ସୁଖ ସପନ ସବୁ ଭାଙ୍ଗିଦିଏ।୧।

କିଛି ପ୍ରେମ କହିହୁଏ
କିଛି ରହିଯାଏ
ରହିଯିବା ପ୍ରେମ ପୁଣି
ମନକୁ ଜଳାଏ
ସେ ସାଇତା ପ୍ରେମ ପୁଣି
କେବେ ଅବସାଦ ବନି
ଜିଅଁନ୍ତା ଜୀବନ ଶମଶାନ କରିଦିଏ।୨।

କିଛି ସ୍ମୃତି ଫୁଲ ହୋଇ
ମହକ ଛୁଟାଏ
କିଛି ସ୍ମୃତି ନିଆଁ ହୁଏ
ମନ ପୋଡିଦିଏ
ସେଇ ଫୁଲ ସେଇ ନିଆଁ
ଭାବନାର ରୂପଛାୟା
ବିସ୍ମୟ ବିଚିତ୍ର ମନ, ନିତି ଝୁରୁଥାଏ ।୩।

କିଛି ଦୁଃଖ ଲେଖିହୁଏ
କିଛି ରହିଯାଏ
ରହିଥିବା ଦୁଃଖ ନିତି
ନିଶିଥେ ଜଗାଏ
ଦୁଃଖର ନିର୍ଦ୍ଦୟ ରୂପ
ମନର ସନ୍ତାପ ଚାପ
ଅଙ୍ଗେଅଙ୍ଗେ ରକତରେ ମିଶି ବହିଯାଏ ।୪।

ଯିଏ ଦିନେ ସୁଖ ଥିଲା
ସେ ଅମୃତ ସ୍ନେହ
ଭାଗ୍ୟ ବଦଳାଇ ଦେଲା
ଦାରୁଣ ସମୟ
ସମୟର କାଳଚକ୍ର
ପୋତିଦିଏ ସବୁ ସୁଖ
ଗଢିଥବା ସ୍ୱପ୍ନଘର କ୍ଷଣେ ଭାସିଯାଏ ।୫।

ସେଇ ପ୍ରେମ ଦିନେ ଥାଏ
ସତେଜ ସୁନ୍ଦର
ଆନନ୍ଦ ଅଜାଡି ଦିଏ
ସଞ୍ଜ ଓ ସକାଳ
ପ୍ରେମ ହୁଏ ପ୍ରତାରଣା

ମରିଯାଏ ସବୁଜିମା
ଧୁଧୁ ଜଳେ ମରୁବାଲି ଜୀବନ ଜଳାଏ ।୬।

କିଛି ପ୍ରେମ କିଛି ସୁଖ
ଏ ଜୀବନେ ଲୋଡା
କହିବାକୁ, ଲେଖିବାକୁ
ଦେବାକୁ ସାହାରା
ତୁମେ ଆସ ପ୍ରେମ ହୋଇ
ଜୀବନ ମୋର ରଙ୍ଗାଇ
ଦୁଃଖସବୁ ଲିଭିଯିବ ଆପଣାର ଛାଏଁ ।୭।

କିଛି ପ୍ରେମ ଲେଖାହୁଏ
ଗପ କବିତାରେ
କିଛି ପ୍ରେମ ଗୀତ ହୁଏ
ବହେ ସୁରେସୁରେ
ତୁମ ପ୍ରେମ ମୁକ୍ତାମାଳା
ପିନ୍ଧିବାର ଶୁଭବେଳା
ପ୍ରତୀକ୍ଷାରେ ଆଶାପକ୍ଷୀ ଡେଣା ମେଲିଦିଏ ।୮।

କିଛି ପ୍ରେମ ଫୁଟିଯାଏ
ମନେ ଫୁଲ ହୋଇ
ଫଳଧରେ ସଂପୂର୍ଣ୍ଣତା
ସୁଆଦ ମିଶାଇ
ଚାଖିବାକୁ ସେଇ ଫଳ
କ୍ଷୁଧିତ ମନ ପ୍ରବଳ
ମାନସିକ ପୂଜାଥାଳି ସଜାଇ ରଖାଏ ।୯।

କିଛି ପ୍ରେମ ଆବେଗର
ଜୁଆର ଛୁଟାଏ

ନିଷ୍ପାପ ଚୁମ୍ବନ ଦେଇ
ଭାବନା ସଜାଏ
ନୀଳନୀଳ ଆକାଶରେ
ଜହ୍ନହସି ଠାରମାରେ
ଜୋଛନାରେ ସୁର ଭରି ମୁରଲୀ ବଜାଏ ।୧୦।

କୁହୁଳୁଛି ନିଆଁ

କାହିଁକି କୁହ ହେ ପ୍ରଭୁ କୁହୁଳୁଛି ନିଆଁ
ଅଶାନ୍ତିର ବାଡବାଗ୍ନୀ ଜଳିବ କି ସତେ
ସହି ହୁଏ ନାହିଁ ଆଉ ଏ ସବୁ ଜଞ୍ଜାଳ
ଇଚ୍ଛା ହୁଏ ଚାଲିଯାନ୍ତି ଏକା କେଉଁ ପଥେ।

ଯେତେ ସବୁ ସ୍ୱପ୍ନ ଥିଲା ସବୁ ଅଛି ଅଧା
ପୂରାଇବା ପାଇଁ କିଛି ଦିଶେ ନାହିଁ ଦିଗ
ଏକା୍ଏକା ଭାବିଭାବି ଆଖି ହୁଏ ଓଦା
ଉନ୍ମାଦିନୀ ସମ ମନେ ଆସେ ନାନା ରାଗ।

ଛାଡିକି ମୁଁ ଚାଲିଯିବି ସମସ୍ତ ବନ୍ଧନ
ଛିନ୍ନ କରିଦେବି ମିଥ୍ୟା ମାୟାର ଶିକୁଳି
ଯହିଁ ଡାକି ନେବ ମୋର ଜ୍ଞାନ ଓ ଚିନ୍ତନ
ସେ ସତ୍ୟ ସନ୍ଧାନେ ଏକା ଯିବି ମୁହିଁ ଚାଲି।

ସଂପର୍କର ସବୁ ରଜ୍ଜୁ ହେଲାଣି ହୁଗୁଳା
ମୋ ମନକୁ ଚିହ୍ନେ ନାହିଁ ମୋର ସ୍ନେହ ପ୍ରେମ
କାହିଁକି ମୁଁ ମିଛ ଏଇ ମାୟାର ଜାଲରେ
ନିଜକୁ ଛନ୍ଦି ମରିବି ହୋଇ ହୀନିମାନ।

ତୁମେ ମୋର ବନ୍ଧୁ ଏକା, ଆଉ ଆନ ନାହିଁ
ସବୁ ମୋର ଦୁଃଖ, ସୁଖ, ତୁମେ ଏକା ଜାଣ
କହୁଛି ଖୋଲି ହୃଦୟ ତୁମକୁ ସେପାଇଁ
ଆଶୀର୍ବାଦ ଦେଇ ପୂର୍ଣ୍ଣ କର ଏ ଜୀବନ।

ତୁମ କରୁଣା ଅମୃତ ଜଳ ଢାଳି ଦେଇ
ଶାନ୍ତ କର ମୋ ମନର ଯେତେ ବାଡବାଗ୍ନୀ
ଶରଣ ମୁଁ ତବ ପାଦେ ମାଗୁଛି ଗୋସାଇଁ
ଉତ୍ତମ ମାର୍ଗର ମୋତେ ଦିଅ ହେ ସନ୍ଧାନ।

କେତେ ଯେ କବିତା

କେତେ ଯେ କବିତା ପବନେ ଭାସୁଛି
ମନ ହୋଇଯାଏ ରୁନ୍ଧି
କଅଣ ପଢ଼ିବି କଅଣ ଛାଡ଼ିବି
ହୁଏ ଅହରହ ଧନ୍ଦି ।୧ ।

କରୋନା ସମୟ ଆଣିଦେଲା ଚିନ୍ତା
ସଭିଙ୍କ ହୃଦୟେ ଭୟ
କାହା ସଙ୍ଗେ ବସି ଦୁଃଖ ବାଣ୍ଟିବି ମୁଁ
ଢାଳିବି କା ଆଗେ ଲୁହ ? ।୨ ।

ଛୁଇଁବାକୁ ମନା ଦେଖିବାକୁ ମନା
ବସିବାକୁ ମନା ପାଶେ
ସାଙ୍ଗସାଥୀ ମେଳ ନାଚ, ଗୀତ, ଗୋଳ
ସବୁ ହୁଏ ବିନା ସ୍ପର୍ଶେ ।୩ ।

ମୁଖାପିନ୍ଧା ମୁହଁ ଦେଖିଦେଲେ କିଂପା
ମନ ମୋର ଯାଏ ମରି
ଏତେ ହୀନିମାନ ସତରେ ଜୀବନ
ହୋଇଲାଣି ଏତେ ସରି ।୪ ।

ସେଥିପାଇଁ ଏବେ ସଭିଏଁ ଲେଖନ୍ତି
ଆପଣା ଚିନ୍ତା ବଖାଣି
ଚିନ୍ତା ବାଣ୍ଟିବାର ଏ ଦୁର୍ଲଭ ବେଳା
କେବେ ବା ଆସିବ ପୁଣି। ୫।

ମୋବାଇଲ୍ ଫୋନ୍ ଟେକ୍ସଟ୍, ଇମେଲ୍
ସବୁଠି ଫୋପଡା ଲେଖା
କିଏ ଅବା ଆଉ କେତେ ଯେ ପଢିବ
ଅନେକ ରହେ ଅଦେଖା। ୬।

ରସଗୋଲା ଯିଏ ଭଲପାଏ ସେତ
ଖାଇଯିବନି ମେଞ୍ଚାଏ
ସବୁ ଜିନିଷର ସୀମା ନିର୍ଦ୍ଧାରିତ
ସୃଷ୍ଟିର ନିୟମ ଇଏ। ୭।

କେତେ ଯେ କବିତା ଆସେ ଭାବନାରେ
ସବୁ ହୁଏନାହିଁ ଲେଖି
କରୋନା ଘଟଣା କରେ ଆନମନା
ହୃଦୟ ହୁଏ ସନ୍ତାପି। ୮।

ଭାବନାରୁ କିଛି ମଉଳି ଯାଆନ୍ତି
ହୁଅନ୍ତି ହୃଦେ ବିଲୀନ
କିଛି ପୁଣି ଉଙ୍କି ମାରି ବିକଶନ୍ତି
କରି ଶୋଭା ବିକିରଣ। ୯।

ସେ କବିତା ଯେବେ, ପଢେ ମୁଁ ନୀରବେ
ନିଜେ ଚମତ୍କୃତ ହୁଏ
ଦୁନିଆରେ ଯେତେ ଥିଲେ ଲେଖା ଥାଉ
ମୋ ଭାବନା ସମ ନୁହେଁ। ୧୦।

ସଭିଙ୍କ ହୃଦୟ ଚିନ୍ତା ଅଦ୍ୱିତୀୟ
ତାର ସରି ସମ ନାହିଁ
ଯେତେ ବି କବିତା ଯିଏ ଲେଖୁ ପଛେ
ନିଜ ଲେଖା ନିଜ ଛାଇ। ୧୧।

ଆପଣା ସନ୍ତାନ ଆପଣାର ସୃଷ୍ଟି
ଆପଣାର ମନୋଭାବ
ଆପଣା କବିତା ଆପଣାର ବନ୍ଧୁ
ଅତି ଦୁର୍ଲଭ ବିଭବ। ୧୨।

ଖୁସି ରୁହ

ନାନା ଉପଦେଶ, ନାନା ଆଲୋଚନା, ନାନା ପ୍ରବଚନ, ନାନା ପ୍ରସଙ୍ଗ
ଖୁସି ରୁହ ବୋଲି ସମସ୍ତେ କୁହନ୍ତି, ଖୁସିରୁ ଝରଇ ସୁଧା ତରଙ୍ଗ
ସେଇ ତରଙ୍ଗରେ ଟିକେ ଭାସିଗଲେ, କୁଞ୍ଚିତ ଚର୍ମ ହୋଇବ ଚିକ୍କଣ
ସେଇ ସଞ୍ଜିବନୀ ପାଦୁକ ପାଇଲେ, ଭୟ କରି ଦୂରେ ରହିବ ଯମ।୧।

ବୟସ ବଢୁଛି, ପଶେ ନାନା ଚିନ୍ତା, କାଳେ ଟଳିଯିବ ଶକ୍ତି, ସାମର୍ଥ୍ୟ
କେବେ କିଛି ଯଦି ଅଖଞ୍ଜ ହୋଇବ, କେବେ ବଢିଯିବ ଶର୍କରା, ପିତ୍ତ
ସେଥିପାଇଁ ସଦା ଉପଚାରମାନ ଖୋଜା ହୁଏ ସୁସ୍ଥ ରହିବା ପାଇଁ
ନାହିଁ ତ ବୟସ, କରିବି ସାହସ, ଯୁବାଙ୍କ ସମାନ ସର୍ତ୍ତ ଲଗାଇ।୨।

ହେଲେ ଖୁସି କଣ, କେମିତି ରହିବି, କେହି ଦିଅନ୍ତିନି ତାର ଉତ୍ତର
ମୁହଁରେ ହସିଲେ ଖୁସିକି ହୋଇବ, ଦୁଃଖେ ଯଦି କାନ୍ଦୁଥାଏ ଅନ୍ତର
କିଏ କହେ, ସବୁ ଭୁଲିଯାଅ ମାୟା, ନ ମଣ କାହାକୁ ଆପଣା ପର
ଭେଦଭାବ ଭୁଲି ସାରା ଜଗତକୁ ସେନେହରେ ବାନ୍ଧି କର ନିଜର।୩।

ବସୁଧୈବ କୁଟୁମ୍ବକମ୍ କହି ଥୋକେ ସଭାରେ ଦିଅନ୍ତି ଲମ୍ବା ଭାଷଣ
କିଏ କେତେ ଶବ୍ଦ ଗାରେଇ ପକାନ୍ତି, କୁହନ୍ତି ଆମ ପ୍ରଶସ୍ତ ଚିନ୍ତନ
ସେମାନଙ୍କ କଥା ମଗଜେ ପଶେନି, କେତେ ଅବା ସେହି ହୃଦୟେ ସ୍ଥାନ
ସାରା ସଂସାରର କୋଟିକୋଟି ପ୍ରାଣୀ, କେମିତି ଏକତ୍ର ହେବେ ମିଳନ।୪।

ମନ ମୋ ସହଜେ ବୁଝେନି ଏକଥା, ଏକା ପରା ମୁହିଁ ମଣିଷଟିଏ
ଏତେ ମଣିଷଙ୍କୁ ବାନ୍ଧିବା ପାଇଁକି ସମୟ କି ମୋର ଆୟତ୍ତେ ରହେ
ଯାହା ହାତ ଧରି କରିଛି ସଂସାର, ଗରଭୁ ଦେଇଛି ଯାକୁ ଜନମ
ତାଙ୍କ ଯତ୍ନ ପାଇଁ ସମୟ ନିଅଣ୍ଟ, ଆପଣା ସଉକ ଭୁଲଇ ମନ ।୫ ।

ଯାହା ସତ୍ୟ ନୁହେଁ ତାହା କହିକହି ସମସ୍ତେ କରନ୍ତି ମୁଣ୍ଡକୁ ଟିଣ
ଅତି ବଡବଡ କଥା ଯେ କୁହନ୍ତି କାର୍ଯ୍ୟରେ ତାଙ୍କର ଅନେକ ଖୁଣ
ବାହାରକୁ ଯାହା ବଢେଇ ଦେଖାନ୍ତି, ହୃଦୟ ଭିତରେ ନାନା ନିରାଶା
ଆପଣା ପାଣ୍ଡିତ୍ୟ ପଣ ଅହଙ୍କାର, ଦୁଃଖକୁ ଡାକେ ତୁଟାଇ ଭରସା ।୬ ।

ଖୁସି ରହିବାକୁ ତିନିଟି ମନ୍ତର ନିଜ ଜୀବନରୁ ଶିଖିଛି ମୁହିଁ
ନିଜ ଦାୟିତ୍ୱକୁ ନିଜେ ସମ୍ଭାଳିଲେ, ଖୁସି ମିଳେ ଯାର ତୁଳନା ନାହିଁ
ଟିଭି ସାମନାରେ ଛୁଆକୁ ବସାଇ ଯିଏ କରେ ଦେବପୂଜା, ଆଳତୀ
ସତେକି ଠାକୁର ଏଭଳି ଭକତି, ପୂଜା ଦେଖି କେବେ ଖୁସି ହୁଅନ୍ତି।୭ ।

ନିଜ ଚାକିରିରେ ଠକି ଯେଉଁ ନର ସ୍ୱେଚ୍ଛାସେବୀ ବୋଲି କରେ ପ୍ରଚାର
ସେ ସେବାରେ ସତେ ଧରମ ରହେ କି, ଅଧର୍ମ ଅର୍ଜନ ହୁଅଇ ସାର
ନିଜ ପରିବାର, ନିଜ ପ୍ରିୟଜନ, ନିଜ ଘର ଆଉ ନିଜ ସମାଜ
ନିଜ ଦାନାପାଣି, କେବେ ଭୁଲିବନି, ସେସବୁ କର୍ତ୍ତବ୍ୟ ପ୍ରଥମ କାର୍ଯ୍ୟ ।୮ ।

ନିଜ ଶରୀରର ଯତ୍ନ ନିଏ ଯିଏ, ସଦା ସେ ପ୍ରଫୁଲ୍ଲ, ରହେ ସେ ଖୁସି
ଅନ୍ୟ ପାଇଁ କିଛି କାମ କରିବାକୁ ସଦା ତତପର ସେ ହସିହସି
ନିଜେ ଖୁସି ଥିଲେ ଖୁସି ବାଣ୍ଟିହୁଏ, ଧନ ଥିଲେ ସିନା ବାଣ୍ଟିବ ଧନ
ନିଜେ ଦୁଃଖ ପାଇ, ଖୁସି ବାଣ୍ଟିବାଟା, ଲାଗେ ସେ ମୋତେ ବଡ ପ୍ରହସନ ।୯ ।

ମାୟାରେ ମୁଁ ଖୁସି, ମୋହରେ ମୁଁ ଖୁସି, ଆପଣା ସଂପର୍କ, ସେନେହ ପଣ
ନିଜେ ଖୁସି ରହି, ସେମାନଙ୍କ ପାଇଁ ଖୁସି ଆଣିବାକୁ ମୋହର ମନ
ନିର୍ବାଣ ନୁହେଁ, ଜୀବନ ମୋ ଖୁସି, ଖୁସି ମୋ ସଂସାରେ ଚଳିବା ପଣ
ଜଟିଳତା ଖୁସି, ସମାଧାନ ଖୁସି, ରଙ୍ଗଭରା ସୋହାଗ, ଅଭିମାନ ।୧୦ ।

ତେଣୁ ସୁଧୀଜନେ, ବୟସକୁ ଦେଖି, ସମସ୍ୟାକୁ ଦେଖି, ନ ହୁଅ ତ୍ରସ୍ତ
ମନ ସ୍ଥିର ରଖି, ଆପଣା ସାହସେ, କର ସମାଧାନ ଦମ୍ଭ ସହିତ
କର୍ମେ ଜିଏଁ ନର, କର୍ମ ହିଁ ଜୀବନ, କର୍ମ ଖୁସି ସୂତ୍ର ଏହି ସଂସାରେ
ମନେ ସେ ବିଶ୍ୱାସ ରଖିଲେ ଆଶୀଷ ଅମୃତ ଢାଳନ୍ତି ଈଶ୍ୱର ଶିରେ।୧୧।

ଛୋଟଛୋଟ ଯେତେ ସବୁ

ଛୋଟଛୋଟ କଥା ମଧ୍ୟେ ଥାଏ ଗୂଢ ତତ୍ତ୍ୱ
ଛୋଟଛୋଟ ଅଣୁ ମଧ୍ୟୁ ସୃଷ୍ଟି ଏ ଜଗତ
ଛୋଟଛୋଟ ଅନୁଭବ, ବଡ ଶିକ୍ଷା ଦିଏ
ଛୋଟଛୋଟ କାମ କ୍ଷଣକରେ ସରିଯାଏ।

ଛୋଟରୁ ଆରମ୍ଭ ହୁଏ ସବୁ ବଡ କାମ
ଛୋଟ ପିଲା ବଡ ହୁଏ, ରଖେ କୁଳ ନାମ
ଛୋଟଛୋଟ ବର୍ଷାଧାରା ନଈ ହୋଇ ବହେ
ଛୋଟ ନେତା ବଡ ହୋଇ ଦେଶକୁ ଚଲାଏ।

ତଥାପି କାହିଁକି ବଡ କଥା ପାଇଁ ମୋହ
ଅପହଞ୍ଚ ପଦାର୍ଥରେ ଜାଗିଉଠେ ସ୍ନେହ।
ବଡ ଘର, ବଡ ଗାଡି, ବଡ ସନମାନ
ବଡ ପୁଞ୍ଜି, ବଡ ଶକ୍ତି, ବଡ ସିଂହାସନ।

ବଡର ଆଶାରେ ନର ଭୁଲେ ଛୋଟ ସୁଖ
ଅବିରତ କଷ୍ଟ ସହେ, ସହେ ନାନା ଦୁଃଖ
ଶେଷେ ଯାହା ହାତେ ଆସେ, ନ ପାରଇ ଭୋଗୀ
କ୍ଳାନ୍ତ ଚିତ୍ତ, କ୍ଳାନ୍ତ ଦେହ, କରେ ମନରୋଗୀ।

ଅପ୍ରାପ୍ତିର ଅବଶୋଷ ନିଇତି ଜଳାଏ
ହୃଦମନ, ଧୁମ୍ରାୟିତ, ଅଙ୍ଗାର ସଜାଏ
ଜଳ ସିନା ଶୋଷ ମାରେ, ମାରେ କି ମାଦକ
ତଥାପି କାହିଁକି ନର ଚାହେଁ ସେହି ସୁଖ

ଯେଉଁ ସୁଖ ଭ୍ରମ, ଖାଲି, ମାୟା, ମରୀଚିକା
ସେହି ସୁଖ, ସୁଖ ନୁହେଁ, ବଡ ପ୍ରହେଳିକା
କୁହୁକ ଜାଲରେ ଛନ୍ଦି କରେ ଛଟପଟ
ମୁକ୍ତି ପାଇଁ ଦିଶେ ନାହିଁ କେଉଁ ପଟେ ବାଟ।

ବିଳାସ, ବ୍ୟସନ କେବେ ଦିଏନାହିଁ ସୁଖ
କ୍ଷଣିକର ସୁଖ ପରେ ଆସେ ନାନା ଦୁଃଖ
ଛୋଟ ଛୋଟ ପାଇବାରେ ସୁଖୀ ହୁଏ ଯିଏ
ତା ଜୀବନ ଚିର ଧନ୍ୟ, ସଦା ହସୁଥାଏ।

ବନ୍ଧୁ ସହ ବିତିଥିବା ଛୋଟ ଛୋଟ କ୍ଷଣ
ଛୋଟ ଶିଶୁ ମୁହେଁ ହସ, ଔଷଧ ସେ ଜାଣ
ସେନେହର ସ୍ପର୍ଶ ଟିକେ, ମନକୁ ମଜାଏ
ମଧୁର ବଚନ କାର ହୃଦ ମୋହି ନିଏ।

ଏମିତି ସବୁ ସଂପର୍କ, ଛୋଟଛୋଟ କ୍ଷଣ
ତା' ଭିତରେ ଲୁଚି ରହିଥାଏ ବଡ ଗୁଣ
ମନେ ଭରେ ସରସତା, କରେ ଚିତ୍ତ ଶୁଦ୍ଧି
ସଦା ଜାଗ୍ରତ ରହଇ ବିବେକ ଓ ବୁଦ୍ଧି

ଜୋଡି ରଖେ ସେହି କ୍ଷଣ ଦୃଢତା ରଜ୍ଜୁରେ
ତୁଟିଯାଏ ଅଭିମାନ ଥିଲେ ଭାବନାରେ
ସେଇ ସବୁ ଛୋଟଛୋଟ କ୍ଷଣ ପାଇଁ ମୁହିଁ
ଝୁରୁଥାଏ ଅହରହ, ସୁଖ ପ୍ରାପ୍ତି ପାଇଁ।

ନିଃଶ୍ୱାସ ମୋ ରୁନ୍ଧି ହୁଏ ବଡ ଗହଳିରେ
ଖୁସି ମୁଁ ଗୋଟାଏ ଛୋଟଛୋଟ ବନ୍ଧୁ ମେଳେ
ସେଥିପାଇଁ ଈଶ୍ୱରଙ୍କ ଚରଣେ ମୋ ଅଳି
ସେ ସୁଖ ମୋ ଜୀବନରେ ସଦା ଥାନ୍ତୁ ଭରି ।

ମଞ୍ଚ ନାୟିକା

ମଞ୍ଚନାୟିକା ମୁଁ ଅଭିନୟ କରିଚାଲେ ଅହରହ
କେବେ ଖୁସି, କେବେ ଦୁଃଖ, ସବୁ ଅନୁଭବ ସହ
ବଦଳେ ମୁଖ ପ୍ରଲେପ, ବଦଳେ ମଞ୍ଚ ପୃଷ୍ଠଭୂମି
ବଦଳେ ପରିଧାନ, ବଦଳେ ଅଙ୍ଗଭଙ୍ଗୀ, ଠାଣି ଆଉ ବାଣୀ ।

କେବେ ହୁଏ କନ୍ୟା, କେବେ ସଙ୍ଗିନୀ, ପ୍ରଣୟିନୀ
କେବେ ଭଗିନୀ ତ ପୁଣି କେବେ ମୁଁ ଜନନୀ
କେବେ କାହା ସହକର୍ମୀ, କେବେ ପଡୋଶିନୀ
କେବେ ମୁଁ ସାଜଇ ନେତ୍ରୀ, କେବେ ଅନୁଗାମୀ ।

କେବେ ଦିନେ ଶିଶୁ ଥିଲି, ଅବୁଝା ଥିଲା ମୋର ମନ
ମାଆ କୋଳ ଥିଲା, ସବୁ ସତ୍ୟ, ସୁଖର ସନ୍ଧାନ
ଧୂଳିରେ ଦୌଡିବା, ପୁଣି ବେଙ୍ଗ ଭଳି ଡେଇଁବା ଆନନ୍ଦ
ପଡି, ଉଠି, ଶିଖିବାର, କୌତୁକ ସହ ଥିଲା ପରମାଦ ।

ଯୌବନ ଆସିଲା ଯେବେ, ଉଗ୍ର ହେଲା, ଭାବନା, ଚିନ୍ତନ
ନିଜେ ସ୍ଥାଣୁ ପାଲଟିଲି, ପ୍ରେମ ବଶେ ଅଟକିଲା ମନ
ଦିନେ ନିଜେ ସ୍ରଷ୍ଟା ହେଲି, ଈଶ୍ୱରଙ୍କ ଉପହାର ପାଇ
ସଂପୂର୍ଣ୍ଣତା ଆଲୋକରେ ଆଲୋକିତ ହୋଇଗଲି ମୁହିଁ ।

ଜୀବନ ବିତିଗଲା ଏଇମତେ କେତୋଟି ବରଷ
କେତେକେତେ ଝଡଝଞ୍ଜା, କେତେକେତେ ମଞ୍ଚରେ ପ୍ରବେଶ
କେବେ ଭ୍ରମ, କେବେ ଭ୍ରାନ୍ତି, କେବେ କଷ୍ଟ, କେବେ କ୍ଲାନ୍ତି
ଦୁଃଖ ସବୁ ସହିଗଲା ପରେ, ବଢିଗଲା, ସାହସ, ଶକତି ।

ଏବେ ମୁଁ ବୟସ୍କ, କିନ୍ତୁ ସେଥିପାଇଁ ନାହିଁ ମୋ ଶୋଚନା
ମୋ ଭୂମିକାରେ କିଛି ଯୋଡିହେଲା, ମିଳିଲା ସୁଚନା
ମୋ ଜୀବନେ ଉଦୟ ହୋଇଛି ଏକ ନୂତନ ସୁରୁଜ
ଚାରିପଟେ ଉଲ୍ଲାସର ମହୋତ୍ସବ, ବିଞ୍ଚିଯାଏ ରଙ୍ଗର ମୁରୁଜ ।

କେବେକେବେ ଅନୁଭବ ହୁଏ, ଶକ୍ତି ମୋର ନାହିଁ ଏକା ଭଳି
ଦୌଡି ପାରେନି ମୁଁ ସେତେ ଜୋର୍‌ରେ, ଥକିଯାଏ ପାଦ ଚାଲିଚାଲି
ଏବେ ଏ ଜୀବନ ମଞ୍ଚରେ ନୂଆ ଏକ ଅଭିନୟ ବାକି
ଆପଣା କାମରେ ସବୁ, ଆପଣାର ନିୟନ୍ତ୍ରଣ ଗଲାଣି ଅଟକି ।

ଏବେ ମୁଁ ମଞ୍ଚରେ ସାଜିଯାଏ ବଇରାଗୀ, ପଢେ ଗୀତା, ଭାଗବତ
ମାୟା, ମୋହ, ଦୂରେଇ ଯାଏ, ଦୃଶ୍ୟମାନ ପ୍ରଭୁ ଜଗନ୍ନାଥ
ଜୀବନଟା ପରିପୂର୍ଣ୍ଣ, ଆଉ କିଛି ଏ ସଂସାରେ ଲୋଡା ନାହିଁ ମୋର
ହସିହସି ବଞ୍ଚିବାକୁ, ଖୁସି ପରଶିଦେବାକୁ, ତେଣୁ ମୁହିଁ ବଦ୍ଧ ପରିକର ।

ଦେହସୁହା

ଦୁଃଖ ସବୁ ଦେହସୁହା ହୋଇଯିବା ପରେ
ଆଉ କିଛି ଦୁଃଖ ପାଇଁ ରହେନାହିଁ ଭୟ
କେଉଁଥିରେ କେଉଁ କଷ୍ଟ ଜାଣିଯିବା ପରେ
କଷ୍ଟ ନିମନ୍ତେ ପ୍ରସ୍ତୁତ ରହେ ଏ ହୃଦୟ ।୧।

ସାଙ୍ଗସାଥୀ ବନ୍ଧୁ ଭାବ ପୁରୁଣା ହୋଇଲେ
ନିର୍ଭୟରେ ମନ ସବୁ ଖୋଲିଦିଏ ବ୍ୟଥା
ନଥାଏ ତହିଁ ମିଥ୍ୟା, ଲୁଚାଲୁଚି ଖେଳ
ନଥାଏ ତହିଁ ବୃଥା ଔପଚାରିକତା ।୨।

ଅଗ୍ନୀ ସାକ୍ଷୀ ରଖି ସାଥେ ନେଇ ସାତ ଫେରି
ସଂସାରର ପଥେ ଚାଲିବାକୁ ସଦା ସାଥେ
ଅଙ୍ଗୀକାର, କରିଥିବା ମଣିଷକୁ କୁହ
ନିଜର ନ ଭାବି ତେବେ ଭାବିବ କେମନ୍ତେ ? ।୩।

ତଥାପି କାହିଁକି କୁହ ହୁଅଇ ଏମିତି
ଅନ୍ତରଙ୍ଗ ବନ୍ଧୁ କ୍ଷଣେ ହୁଅଇ ଅନ୍ତର
କ୍ଷଣକରେ ଭାଙ୍ଗିଯାଏ ସବୁ ଭାବ ପ୍ରୀତି
ପତି ପତ୍ନୀ ଭୁଲିଯାନ୍ତି ତାଙ୍କ ଅଙ୍ଗୀକାର ।୪।

ସତରେ ଏ ଦୁନିଆଟା ଅତ୍ୟନ୍ତ ବିସ୍ମୟ
ବୁଝି ବି ବୁଝିପାରେନି ବନ୍ଧନର ଡୋରି
କେଉଁ ମୋହ ଗ୍ରାସିନିଏ ସଂପର୍କର ସଂଜ୍ଞା
କେଉଁବା ସଂପର୍କ ମୋହ ଦିଏ ବଶ କରି ।୫।

ଏ ସଂପର୍କ, ମୋହ ସବୁ ମୋର ଦେହସୁହା
ତଥାପି ବୁଝି ହୁଏନି ସଂପର୍କର ମାୟା
କେଉଁ ମୋହ ଟାଣେ ବେଶି ହୋଇ ଓଜନିଆ
ଗୋଡ ଖସେ, ମନ ଖସେ, ହସଇ ଦୁନିଆ ।୬।

ଧନ ମୋହ, ଯଶ ମୋହ, କ୍ଷମତାର ମୋହ
ସୁସ୍ୱାଦୁ ବ୍ୟଞ୍ଜନ, ନିଶା ବିଳାସର ମୋହ
ସ୍ୱାସ୍ଥ୍ୟ ଚିନ୍ତା, ସ୍ନେହ ଚିନ୍ତା ଯାଏ ଅପସରି
ଚାରିପଟେ ମାୟାଜାଲ, ଗ୍ରାସଇ ହୃଦୟ ।୭।

ଦେହସୁହା ବୋଲି ଯାକୁ ମାନିନେଇଥିଲି
ସବୁ ସହିନେବି ବୋଲି ଥିଲା ଦମ୍ଭ ମନେ
ସହି ପାରେନାହିଁ ଆଜି ଟିକେ ସେହି ବ୍ୟଥା
ମନର ଦୂରତା ମନ ଭାଙ୍ଗିଦିଏ କ୍ଷଣେ ।୮।

ବୁଝିବି ଅବୁଝା ହୁଏ, ହୁଏ ମୋହ ଗ୍ରସ୍ତ
ପରିଣାମ ଜାଣି ମଧ୍ୟ, ନ ବୁଝେ ସେ କ୍ଷଣେ
ଜିହ୍ୱାର ଲାଳସା ଆଉ ମନର ଲାଳସା
ମାୟାଜାଲେ ଛଟପଟ, ବଞ୍ଚଇ ସପନେ ।୯।

ଦେହସୁହା ସବୁ, ପୁଣି ଅଟଇ ଅବୋଧ
କ୍ଷଣେକ୍ଷଣେ ଆନ ହୁଏ ସଂସାରର ରୀତି
ନିଶାର ପଥ ଅନ୍ଧାର ନ ଦିଶଇ ଦିଗ
କେବଳ ପ୍ରଭୁ ଶରଣ ଏକମାତ୍ର ଗତି ।୧୦।

ପ୍ରଚେଷ୍ଟା

ତଥାପି ମୁଁ ପ୍ରଚେଷ୍ଟା କରେ ଭଲ କିଛି କରିବାକୁ
କିନ୍ତୁ ଅଜାଣତରେ କିଛି ଭୁଲ୍ ହୋଇଯାଏ
ତଥାପି ମୁଁ ପ୍ରଚେଷ୍ଟା କରେ ସ୍ନେହ ବାଣ୍ଟିଦେବାକୁ
କିନ୍ତୁ ଭାବାବେଶରେ କେବେକେବେ ହୃଦୟ ଖୋଲିଯାଏ
ସବୁ ଉପେକ୍ଷା ସତ୍ତ୍ୱେ ବି, ମୁଁ ମୋ ପ୍ରଚେଷ୍ଟାରେ ଥାଏ
ଅନ୍ୟ ମୁହଁରେ ହସଟିଏ ଉଦୟ ହେବା ଯାଏ।

ନୂଆ ଦିନ ଆରମ୍ଭରେ ସୂର୍ଯ୍ୟକୁ ଦେଖି ମୁଁ ହସିଦିଏ
ସବୁଦିନ ସକାଳେ ସିଏ ସରସ, ସତେଜ ଥାଏ
କେବେକେବେ ବରଫ ପଡେ, କେବେ ଘନ କୁହୁଡି
କେବେକେବେ ମେଘ ଗରଜେ ଶୁଭେ ଘଡଘଡି
ସୂର୍ଯ୍ୟ ଟିକେ ଲୁଚି ଯାଏ, କିନ୍ତୁ ହାରିଯାଏ ନାହିଁ
ପୁଣି ନୂଆ ସକାଳରେ ଉଇଁ ଆସେ ଆଶା ବିଞ୍ଚି ଦେଇ।

ସେଇ ସୂର୍ଯ୍ୟର ପ୍ରେରଣା ମୋ ଚିତ୍ତ ଭେଦି ଯାଏ
ରଜନୀର ଅନ୍ଧକାର, ଆଉ ପାରେନି ଡରାଇ
ସାହସ ସଞ୍ଚରି ଆସେ, ମୁଁ ହେବି ସେହି
ଆଲୋକ ମୁଁ ବିସ୍ତରିବି, ଦେହେ ମୋର ଶକ୍ତି ସଞ୍ଚରଇ
ଅତ୍ୟାଚାର ସହିବିନି, ଲଢିବି ମୁଁ ଅନ୍ୟାୟ ବିରୁଦ୍ଧେ
ପଛଘୁଞ୍ଚା ଦେବି ନାହିଁ, ଜ୍ଞାନ ଅସ୍ତ୍ର ଧରିବି ମୁଁ ଯୁଦ୍ଧେ।

କେତେବେଳେ ଏ ଜୀବନରେ ଆସେ ପରାଜୟ
କେବେକେବେ ମୋ କ୍ଲାନ୍ତ ମନ ଛାଡିଦିଏ ଆଶା
ଭରସା ନରହେ ପୁଣି ଭଲ କିଛି ହେବ
ସମୟ କଠିନ ହୁଏ, ବୁଦ୍ଧି ବଣା, ଗ୍ରାସଇ ନିରାଶା
ସେତେବେଳେ ନିଜକୁ ମୁଁ ପରମାତ୍ମା ପାଦେ
ସମରପି ଦୁଇ ହାତ ଟେକିଦିଏ ଉର୍ଦ୍ଧ୍ୱେ

କେତେବେଳେ ପ୍ରିୟଜନ, କେଉଁ ମୋହର ଆବେଶ
ପରଜନ ହୋଇଯାନ୍ତି, ଭୁଲ୍ ବୁଝି ଅବୁଝା ପଣରେ
ମନ ଫାଟେ, ହୃଦ ଫାଟି ବହିଚାଲେ ରୁଧୀର ନିରତେ
ତଥାପି ପ୍ରଚେଷ୍ଟା ମୁଁ ଜାରି ରଖେ, ଆଶା ବାନ୍ଧି ରଖେ ଏ ମନରେ
ଯେ ପର୍ଯ୍ୟନ୍ତ ମୁଁ ଅଛି, ଅଛି ମୋର ମନ, ମୋର ଜ୍ଞାନ
ସେ ପର୍ଯ୍ୟନ୍ତ ମୋର ସବୁ ସଂପର୍କର ରଖିବି ମୁଁ ମାନ।

ମୋ ମନକୁ ଏପର୍ଯ୍ୟନ୍ତ ବୁଝି ମୁଁ ପାରିନି
କିଏ ମୋ ଆଗରେ ପଡିଗଲେ, କାହିଁକି ମୁଁ ଧାଇଁଯାଏ
ଯେତେବେଳେ ଅନ୍ୟମାନେ ଦେଖନ୍ତି ଓ ଫେରିଯାନ୍ତି
ମୁଁ ନିଜେନିଜେ ଆପଦକୁ ନିମନ୍ତ୍ରଣ କରିନିଏ
ତଥାପି ସେଥିରେ ମତେ ମିଳେ ଯେଉଁ ଖୁସି
ସେଥିପାଇଁ ଈଶ୍ୱରଙ୍କୁ ସୁମରଣା କରି, ସେସବୁ ମୁଁ କରେ ହସିହସି।

ପ୍ରଚେଷ୍ଟା ମୋ ଅହରହ ଚାଲିଥାଏ ସଦା
ରଖିବାକୁ ମୋ ମାନବ ଜୀବନର ଆତ୍ମାର ସମ୍ମାନ
ଆତ୍ମା ମଧ୍ୟେ ମହାପ୍ରଭୁ କରନ୍ତି ଯେ ବାସ
ସିଏ ନିଶ୍ଚେ ଦେଖାଇବେ ଠିକ୍ ମାର୍ଗ, ବାହିବେ ଜୀବନ
ମୁଁ ତ ନିମିତ୍ତ ମାତ୍ର, ମୋର ଯାହାକର୍ମ, ଧର୍ମ ମାନ
ସ୍ରଷ୍ଟା ଏକା, କରନ୍ତି ସେ ମୋ ମଧ୍ୟେ ପ୍ରଚେଷ୍ଟା ରୋପଣ।

ପ୍ରଲୋଭନ

ପ୍ରକାଣ୍ଡ କାୟାରେ ତାର ପ୍ରଚଣ୍ଡ ଶକତି
ପ୍ରବଳ ମାୟାରେ କ୍ଷଣେ ଭ୍ରମେ ଭରେ ମତି
ପ୍ରକୃତି ବିକୃତି ହୁଏ, ପ୍ରକଂପିତ ଦେହ
ପ୍ରକୁପିତ ଚିତ୍ତେ ଅଗ୍ନିଦେବଙ୍କ ପ୍ରବାହ ।୧ ।

ପ୍ରଲୋଭନ
ପୃଥିବୀରେ ଯାହା ଯେତେ ସରସ ସୁନ୍ଦର
ପ୍ରାପତ ହୁଅନ୍ତା ତାହା ହୋଇଯାନ୍ତା ମୋର
ପ୍ରତିଷ୍ଠା, ପ୍ରାଚୁର୍ଯ୍ୟ, ପ୍ରେମ, ପ୍ରାଧାନ୍ୟ ସମସ୍ତ
ପ୍ରଶଂସା, ପ୍ରଭାବ ସର୍ବ ମୋର ହସ୍ତଗତ ।୨ ।

ପ୍ରଲୋଭନ
ପ୍ରାଜ୍ଞତା, ପ୍ରଶାନ୍ତି, ପ୍ରଫୁଲ୍ଲତା ସର୍ବ କ୍ଷଣ
ପ୍ରଗତି, ପ୍ରକୀର୍ତ୍ତି, ପୁଷ୍ଟି ସଦା ପ୍ରକୀର୍ତ୍ତନ
ପ୍ରକଟ ହୁଅନ୍ତା ଶୌର୍ଯ୍ୟ, ବୀର୍ଯ୍ୟ, ପୁଞ୍ଜି ଯେତେ
ପ୍ରିୟଜନ ପ୍ରକାଶ୍ୟରେ ନାମ ମୋ ଜପନ୍ତେ ।୩ ।

ପ୍ରଲୋଭନ
ପ୍ରାପ୍ତି ପାଇଁ ପ୍ରବଞ୍ଚନା ମସ୍ତିଷ୍କକୁ ଘାରେ
ପ୍ରଗଲ୍‌ଭ ପ୍ରତିହିଂସା ମନେ ନିଶା ଭରେ
ପ୍ରବୀର ମାନବ କ୍ଷଣେ ହୁଏ ଶକ୍ତିହୀନ
ପ୍ରମୁଖ ପ୍ରୟାସ ସର୍ବ ବ୍ୟର୍ଥ ହୁଏ ଜାଣ ।୪ ।

ପ୍ରଲୋଭନ
ପରାକାଷ୍ଠା ପରିବର୍ତ୍ତେ ଭାଙ୍ଗେ ପରିବାର
ପରାଭବ ସର୍ବ କାର୍ଯ୍ୟେ କ୍ଳାନ୍ତି ନିରନ୍ତର
ପରାସ୍ତ ସୈନିକ ସମ ଦେଇ ଛତ୍ରଭଙ୍ଗ
ପଳାୟନପନ୍ଥୀ ବ୍ରତ ହୁଅଇ ପ୍ରସଙ୍ଗ ।୫ ।

ପ୍ରଲୋଭନ
ପ୍ରବୋଧି କହୁଛି ତୁମେ ରୁହ ମୋଠୁ ଦୂରେ
ପରବଶ କର ନାହିଁ ଅନୁଗ୍ରହି ମୋରେ
ପରମାନନ୍ଦ ପରମତତ୍ତ୍ୱ ହେଜୁ ମତି
ପରାଂଗତି ଦିଗେ ହେବି ପରହିତବ୍ରତୀ ।୬ ।

ପ୍ରଲୋଭନ
ପ୍ରଣାମ ଘେନ ମୋହର, କର ଆଶୀର୍ବାଦ
ପରାମର୍ଶ ହେଉ ତୁମ ଠାରୁ ସଙ୍ଗରୋଧ
ପରମେଶ ଆଶ ବହି ଏ ମାୟା ସଂସାରେ
ପରଶମଣି ସମାନ ଜ୍ଞାନ ଜାଗୁ ମୋରେ ।୭ ।

ସଂଯୋଗ

ଶୁଭୁଥିଲା ଶଙ୍ଖଧ୍ୱନି ମନ୍ତ୍ର ଉଚ୍ଚାରଣ
ପ୍ରଜ୍ୱଳିତ ହୋମ ନିଆଁ, ଓଁ ସ୍ୱାହା ତାନ
ଦୁଇ ଜଣ, ଦୁଇ ହୃଦେ ଉଠିଲା କଂପନ
ଏକାକାର ହୋଇଗଲା, ଦୁଇ ଭିନ୍ନ ମନ ।୧ ।

ଲାଗୁଥିଲା ସତେ ଏହା ସମ୍ଭବ କିପରି
ଏକବର୍ଷ ତଳେ କିଏ ଥିଲା କି ଏ ଭାଳି
ଦୁଇ ଜଣ ଭିନ୍ନ ଭାବେ ଜୀବନଯାତ୍ରାରେ
ନଥିଲେ ଜାଣି ଅନ୍ୟକୁ, କିଛି ବା ସୂତ୍ରରେ ।୨ ।

ସତେ ପୁଣି ଈଶ୍ୱରଙ୍କ ମାୟା ଗଲା ରଚି
ସେଦିନ ସେ ଶୁଭ କ୍ଷଣେ ସଖୀ କେ ପହଞ୍ଚି
ଯୋଗସୂତ୍ର ସ୍ଥାପିଦେଲା କହି ସେମାନଙ୍କୁ
ତୁମେ ଦୁହେଁ ପରସ୍ପର ଜାଣ ତ ଅନ୍ୟକୁ ।୩ ।

ଏକୁଟିଆ ଏତେ ବର୍ଷ ଥିଲା ଯେଉଁ ମନ
ଉଡୁଥିଲା ଆକାଶରେ ସ୍ୱାଧୀନ ଜୀବନ
ବସା ବାନ୍ଧିବାକୁ କ୍ଷଣେ ସେ ମନ ଚାହିଁଲା
ଧୀରେଧୀରେ ପ୍ରେମପୁଷ୍ପ ବିକଶିତ ହେଲା ।୪ ।

ସେ ସୁଗନ୍ଧ ଛୁଇଁଗଲା ତନୁ, ମନ, ପ୍ରାଣ
ଶୟନ, ସପନ, ହୃଦ କୋଣ, ଅନୁକୋଣ
ପ୍ରତିକ୍ଷଣେ, ପ୍ରେମ ମୂର୍ତ୍ତି ଉଭା ହେଲା ପାଶେ
ବାନ୍ଧିଦେଲା ଚିତ୍ତ, ଚିନ୍ତା ସେନେହ ପରଶେ ।୫ ।

ଶୁଭିଲା କେଉଁଠୁ ଶ୍ୟାମଘନ ବଂଶୀ ସ୍ୱନ
ଆନନ୍ଦେ ଅଧିରା କୁଞ୍ଜେ ରାଧୀକା ପରାଣ
ଆଉ ଏ ବିରହ ହୁଏନାହିଁ ତିଳେ ସହି
ମିଶିବାକୁ ସାଗରରେ ନଦୀ ହୁଏ ବାଇ ।୬ ।

ଆସିଲା ସେ ଶୁଭ କ୍ଷଣ, ବହୁ ପ୍ରତୀକ୍ଷିତ
ହଳଦୀ ଲାଗିଲା ଆଣି ବିବାହ ସଙ୍କେତ
ହାତଗଣ୍ଠି ପଡିଗଲା, ଗଣ୍ଠି ବାନ୍ଧେ ମନ
ମହା ଆନନ୍ଦରେ ପିତା କଲେ କନ୍ୟା ଦାନ ।୭ ।

ରାଧିକା ମଥାରେ ଏବେ ଲାଗିଲା ସିନ୍ଦୂର
ଶ୍ୟାମ ଏବେ ସାତଜନ୍ମ ପାଇଁ ଯେ ତାହାର
ପ୍ରିୟଜନ, ପରିବାର, ସଭିଏଁ ଆନନ୍ଦ
ହୁଳହୁଳି ସଙ୍ଗେ ଝରୁଥିଲା ଆଶୀର୍ବାଦ ।୮ ।

ଏମିତି ଘଟଣାଟିଏ ସତେକି ଘଟିଲା ?
ବୁଝିହୁଏ ନାହିଁ ଈଶ୍ୱରଙ୍କ ଲୀଳାଖେଳା
କେଉଁଠୁ ଆଣି କେଉଁଠି ରଚନ୍ତି ସଂଯୋଗ
ତାଙ୍କ ଇଚ୍ଛା, କୃପା ବଳେ ସକଳ ସମ୍ଭବ ।୯ ।

ସପନ ମୋର

କେବେ କେବେ ହଠାତ୍ ମୁଁ
ମୋ ଚାରିଆଡକୁ ନିରୀକ୍ଷଣ କରିପକା ?ଏ
ମୋ ଅସ୍ତିତ୍ୱକୁ ଅଣ୍ଡାଳିଦେଇ ଚୁପ୍‌ଚାପ୍ ବସିଯାଏ
କୋଉଠି ମୁଁ ଅଛି ?
ସପନ ମୋର କାହିଁ କେତେ ଦୂରେ
ସମୟ ଚାଲିଯାଇଛି ।
ସେତେବେଳେ ଲୁହର ବାଦଲ ସବୁ
ଏକତ୍ରିତ ହୋଇଯାଆନ୍ତି
ସବୁ ସ୍ୱପ୍ନ ବିକ୍ଷିପ୍ତ ହୋଇଯାଏ
ଲୁଚିଯାଏ ମୋ ଆଶାର ବଗିଚା
ଭାଗ୍ୟର କୁହୁଡି ଘେର ଢାଙ୍କିପକାଏ
ମୋ ଉଜ୍ଜ୍ୱଳ ରଙ୍ଗର ସପନ ଫୁଲକୁ ।

ସେଥିପାଇଁ ମୁଁ ଭଲପାଏ
ସମୟକୁ ନ ଭାବିବାକୁ
ଜୀବନର ଅବଶିଷ୍ଟ ଆପଣା ଭାଗକୁ
ଖର୍ଚ୍ଚ କରିଦେବାକୁ ଇଚ୍ଛାହୁଏ
ଆଗପଛ କିଛି ବି ନ ଭାବି
ଯେମିତି କି ମୋ ପାଖରେ
ବୈଭବର ଅସୀମ ଭଣ୍ଡାର;

ସେତେବେଳେ ଅନୁଭୂତ ହୁଏ
ଯେମିତିକି ଚିରଦିନ ପାଇଁ
ହସୁଥାଏ ମୋ ଆଶାର ବଗିଚା
ଫୁଟିଯାଏ ମୋ ସପନର ଉଜ୍ଜ୍ୱଳ ଫୁଲସବୁ
ଗୁଣୁଗୁଣୁ ହୋଇ ଗୀତ ଗାଉଥାଏ
ମୋ ମନର ଭଅଁର ।

କେବଳ ଜାଗାଟିଏ ହିଁ ଲୋଡା
ସବୁ ଭାବନାର ସ୍ପନ୍ଦନକୁ ସାଇତି ରଖିଦେବା ପାଇଁ
ସପନ ତ କେହି ଆମକୁ ଖାଲିରେ ଦେଇ ନଥାଏ
ତା ସହିତ ଶକ୍ତି ବି ଦେଇଥାଏ
ସେ ସପନକୁ ରୂପଦେବା ପାଇଁ ;
ସେଥିପାଇଁ ମୁଁ ଭଲପାଏ
ମୋ ସପନ ସବୁକୁ ଫୁଟେଇ ରଖିବାକୁ
ମୋ ଆଶାର ବଗିଚାରେ
ଯେଉଁଟାକି ମତେ ଦେଇଥାଏ
ଶାଶ୍ୱତ ଶାନ୍ତିର ଖୁସି
ମୋ ଭିତରର ବିଶ୍ୱାସ ସହିତ;
କିଏ ଜାଣେ କେତେବେଳେ ଅନୁକୂଳ ସମୟ ଆସିବ
ଆଉ ମୋ ସପନ ସବୁ ସତ ହୋଇଯିବ ।

ସମୟ ସଙ୍କଟ

ସମୟର ପ୍ରତୀକ୍ଷାରେ ବିତିଯାଏ ଦିନ
କେବେ ସେ ଆସିବ ଫେରି ଭରିବ ଏ ମନ
ଫୁଟିଯିବ ସୁମନ ମୋ ଚିତ୍ତ କାନନରେ
ମହକିବ ସାରା ଦେହ ନୂତନ ସ୍ଫୁର୍ତ୍ତିରେ ।୧ ।

ଲେଖିଯିବି କେତେ ଗୀତ, କେତେ ନୂଆ ଛନ୍ଦେ
ସଂଗୀତ ମୁର୍ଚ୍ଛନା ଭରି ଦେବି ମହାନନ୍ଦେ
ସାରେଗାମାପାଧାନିସା ହୋଇବ ଆୟତ
ଯେଉଁ ସୁର ଚିନ୍ତିବି ମୁଁ ବଜାଇବ ହାତ ।୨ ।

ଓଡିଆ ରାଗ, ରାଗିଣୀ ହୋଇବେ ମୋ ସଙ୍ଗୀ
ଯେବେ ମୁଁ ଚିନ୍ତିବି ମନେ, ସବୁ ବାଧା ଭାଙ୍ଗି
ପହଞ୍ଚିବେ ମୋ କତିରେ, ରହିବେ ମୋ ସାଥେ
ରାଗାଙ୍ଗ, ଭାବାଙ୍ଗ, କାବ୍ୟାଙ୍ଗର ରସ ହିତେ ।୩ ।

ଅସରନ୍ତି ଇଚ୍ଛା ମୋର ଅକଳନ ଆଶା
ସମୟର ଆଶୀର୍ବାଦ କରଇ ଭରସା
ମିଳନ୍ତାକି ସମୟ ମୋ ଭାବନା ନିମନ୍ତେ
ଧ୍ୟାନ କରି ପୃଥିବୀକୁ ଦେଖିଯାନ୍ତି ଚିତ୍ତେ ।୪ ।

ବୁଝିଯାନ୍ତି ସମସ୍ତଙ୍କ ମନ, ମନୋବାଞ୍ଛା
ପୂରଣ କରିପାରନ୍ତି ଯେତେ ଶୁଭ ଇଚ୍ଛା
ବିଧିବଦ୍ଧ ଭାବେ ପାଳି ସମସ୍ତ ବିଧାନ
କରନ୍ତି କାହାଣୀ ସୃଷ୍ଟି ଦର୍ପଣ ସମାନ।୫।

ପଢି, ଶୁଣି ବୁଝିଯାନ୍ତେ ସମସ୍ତେ ଅନ୍ୟକୁ
ରହନ୍ତାନି ଯୁଦ୍ଧ, ଧ୍ୱଂସ, ଯନ୍ତ୍ରଣା ଦେବାକୁ
ଫୁଟନ୍ତାନି ଗୁଳି କାହିଁ, ଭାଙ୍ଗନ୍ତାନି ପୋଲ
ଝରନ୍ତାନି କା ନୟନୁ ଲୋତକର ଝର।୬।

ସମୟ ଦିଅନ୍ତା ଯେବେ ଧରା ମୋ ହାତରେ
ନୂଆ ଜ୍ଞାନ ଆହରଣ କରନ୍ତି ସତ୍ୱରେ
ବୁଝିଯାନ୍ତି ପ୍ରକୃତିର ସମସ୍ତ ନିୟମ
ଜୀବ ତତ୍ତ୍ୱ, ରସାୟନ, ପଦାର୍ଥ ବିଜ୍ଞାନ।୭।

ଯନ୍ତ୍ରବିଦ୍ୟା, ଧାତୁକର୍ମ, ମନସ୍ତତ୍ତ୍ୱ ଭେଦ
କରନ୍ତି ଆୟତ୍ତ ସର୍ବ ଗୂଢ ତତ୍ତ୍ୱ ସାଧ
ବୁଝନ୍ତି କେଉଁଠି କେବେ ହେବ ଭୂକଂପନ
ଆଗ୍ନେୟଗିରିରୁ ହେବ ଲାଭା ଉଦ୍‌ଗୀରଣ।୮।

କିନ୍ତୁ ହାୟ ସମୟ ତ ଧରାଦିଏ ନାହିଁ
ମନକଥା ମନେରହେ, ଦେଖିହୁଏ ନାହିଁ
ଜ୍ଞାନ ପାଇଁ, ଧ୍ୟାନ ପାଇଁ ରହେ ପ୍ରତୀକ୍ଷାରେ
ପ୍ରତିଦିନ ବିତିଯାଏ, ନିୟମ ଚକ୍ରରେ।୯।

ସଂପର୍କର ବନ୍ଧନରେ ଘୂରେ ନିତି ଦିନ
ତନ୍ମଧ୍ୟେ କାହାର କେତେ ମାନ ଅଭିମାନ
ଶରୀରର ଯତ୍ନ ସହ, ମନ ଯତ୍ନ ଧ୍ୟାନ
ଜୀବନକୁ ଜୀଆଁଇବା, ପ୍ରଥମ ସେ କାମ।୧୦।

ସମୟ ଦୂରେଇ ଯାଏ ହୁଅଇ ଅତୀତ
ବର୍ତ୍ତମାନ ଯାହା ରହେ ବ୍ୟସ୍ତ ଓ ବିବ୍ରତ
ତଥାପି ଜୀବନ ଅଛି ବଞ୍ଚିଅଛି ମୁହିଁ
ସେହି ମୋ ପରମ ଭାଗ୍ୟ, ଆଶୀଷ ମୋ ପାଇଁ ।୧୧ ।

ଭବିଷ୍ୟତ ଅନିଶ୍ଚିତ, ନାହିଁ କିଛି ଜଣା
ତଥାପି ଆଶାରେ ନିତି ଜୀଇଁବା ଘଟଣା
ଯାହା ପାଶେ ଅଛି, ସେଇଥିରେ ଖୁସି ହୋଇ
ବିତୁଛି ଜୀବନ ଏବେ ବିଭୁ ପଦ ଧ୍ୟାୟି ।୧୨ ।

ସମୟର ହାତ

ସମୟର ହାତ ଏତେ ଦୀର୍ଘ ଓ ପ୍ରଶସ୍ତ
ମୋ ଚିନ୍ତା ଚିନ୍ତନ ଯେତେ କଲେ ବି ବିସ୍ତୃତ
ପାଏନି ମୁଁ ସୀମାରେଖା, ନିତି ହାରିଯାଏ
ହାରି ମଧ୍ୟ ସେଇ ଭୁଲ୍ ନିତି କରୁଥାଏ।

କଣ ଚାହେଁ ମନ ପୁଣି କଣ ହୋଇଯାଏ
ଦେଖୁଦେଖୁ ସୂର୍ଯ୍ୟ ଲୁଚେ, ବର୍ଷା ଝରିଯାଏ
ମାଡିଆସେ କେଉଁଆଡୁ ଝଡ ଓ ବତାଶ
ଦେଖୁଦେଖୁ ଅବିଲମ୍ବେ ସବୁ ହୁଏ ଶେଷ।

ଝିଅ ହୋଇ ଜନ୍ମ ହେବା ସତେ ଏତେ ପାପ
ମାତୃ ପୂଜା ଆଳ ଖାଲି, ଆଳ ଜପତପ
ଦୁର୍ଗା ପୂଜା, କାଳି ପୂଜା, ସବୁ ଦେଖାଣିଆ
ଭକ୍ତି କାହିଁ, ଶ୍ରଦ୍ଧା କାହିଁ, ମନ ଯେ ମଳିଆ।

ଭାରତବର୍ଷର କନ୍ୟା ରହେ ଆତଙ୍କିତ
ଶିକ୍ଷାଦୀକ୍ଷା, ଗୁଣ ଜ୍ଞାନ, ଦେଖେନି କେହିତ
ଦେଖେ ଖାଲି ନାରୀ ସିଏ, କଣ୍ଢେଇ ସମାନ
ସେମିତି ଖେଳିବା, ଯାହା ଯେତେବେଳେ ମନ।

ଇଚ୍ଛା ହେଲେ ଭାଙ୍ଗିଦେବା, ଦଳିବା ପାଦରେ
ଇଚ୍ଛାହେଲେ କାଟିଦେବା, ଫିଙ୍ଗିବା ନଦୀରେ
ଇଚ୍ଛାହେଲେ ଲୁଟିଦେବା ତା' ଇଜ୍ଜତ ମାନ
ଇଚ୍ଛାହେଲେ ଜାଳିଦେବା, ଯିବ ତାର ପ୍ରାଣ

ଭାବିଦେଲେ ଏସବୁ ମୋ ଦେହ ଯାଏ ତାତି
ଭାବେ ମୁହିଁ ପାଆନ୍ତି କି କିଛି ଦିବ୍ୟ ଶକ୍ତି
କଡାରୁ କଡା ଦଣ୍ଡ ମୁଁ ଦିଅନ୍ତି ପାପୀଙ୍କୁ
ଦୁନିଆ ଦେଖନ୍ତା ଆଖି ମେଲି ସେ ସବୁଙ୍କୁ।

ସେଇ ଦୃଶ୍ୟ ମନେ ଭାବି ସର୍ବେ ଡରିଯାନ୍ତେ
ମନର କୁତ୍ସିତ ଭାବ ମନରେ ରଖନ୍ତେ
ପରିବାର, ପ୍ରିୟଜନ, କର୍ମେ ଦେଇ ଧ୍ୟାନ
ନାରୀକୁ ସମାନ ଭାବି ଦିଅନ୍ତେ ସମ୍ମାନ।

ସତେ କି ଏ ଆଶା ମୋର ହୋଇବ ପୂରଣ
ଦିବ୍ୟ ଶକ୍ତି ପାଇବି ମୁଁ ହେବି ବଳୀୟାନ
ସମୟ ଆଗରେ ମୁଁ ହାତ ପାତେ ନିତି
ସମୟ କି ବୁଝେ ମୋର ଆତ୍ମାର ବିନତି।

ସମୟ ତା' ନିଜ ବାଟେ ଚାଲେ ଇଚ୍ଛାମତେ
ଦୁର୍ଘଟଣା, ଘଟଣାକୁ ଘଟାଇ ଏମନ୍ତେ
ଅସହାୟ ମନ ମୋର ଯାଏ ଶୂନ୍ୟ ହୋଇ
ଶରଣ ହେ ଜଗନ୍ନାଥ, କର କିଛି ସାଇଁ।

ଚେତନା ମଧ୍ୟରୁ ଭାସିଆସେ ଏକ ସ୍ୱର
ଏ ଧରାରେ କେଉଁ ଦ୍ରବ୍ୟ ନୁହେଁ ତ ତୋହର
ଦୁନିଆରେ ସବୁକିଛି କରଇ ତ ମୁହିଁ
କାହାଆଗେ ଅଭିଯୋଗ କରୁଅଛୁ ତୁହି।

ଶ୍ରଦ୍ଧା

ଇଲାର ସ୍ମୃତିରେ

ଏପର୍ଯ୍ୟନ୍ତ ମନ ମୋ ବୁଝିନି, ସତେ କି ତୁ ଚାଲିଗଲୁ ଦୂରେ
ଆଉ କେବେ ହୋଇବନି ଭେଟ, ଇଚ୍ଛା ବହିଯିବ ଆଖି ନୀରେ
ଲାଗେ ସତେ ଖରାପ ସ୍ୱପ୍ନ ଏ, ସତ୍ୟ କେବେ ନୁହେଁ ଏ ଖବର
ମାସେ ତଳେ, ତୁ ଯେ ଠିକ୍ ଥିଲୁ, ମିଳିଥିଲା ବାରତା ତୋହର।

ରହିଥିଲେ କଲେଜ ସମୟେ, ଏକ ସାଥେ, ଏକା କୋଠରିରେ
ତମ ଘର ଚୂଡ଼ା ଭଜା ସ୍ୱାଦ, ଏବେ ବି ମୋ, ରହିଛି ସ୍ମୃତିରେ
କେତେ ସ୍ନେହ, କେତେ ଭାବ ଥିଲା, ବନ୍ଧୁତାରେ ବନ୍ଧା ସର୍ବେ ଥିଲେ
ପୁଣି ନିଜନିଜ ଲକ୍ଷ୍ୟ ପଥେ, ବାହି ହୋଇ ଦୂରେଇ ରହିଲେ।

ଏବେ ଯେବେ ଜଞ୍ଜାଳ ସରିଲା, ଭାବିଥିଲି ପୁଣି ହେବ ଭେଟ
ଆମେ ସବୁ ସାଥୀ ହୋଇ କେବେ, କଟାଇବା ମୁହୂର୍ତ୍ତ ବିଶିଷ୍ଟ
ସାଉଁଟିବା ସ୍ମୃତିରେ ଆମର, ଅତୀତର ସୁନେଲି କାହାଣୀ
ନିଜନିଜ ଅଭିଜ୍ଞତା ବାଣ୍ଟି, ହଜିଯିବା ମଜିଯିବା ପୁଣି।

ସତେ ପ୍ରଭୁ ଏତେ ଅବିବେକୀ, ବୁଝନ୍ତିନି ସେନେହ ସୋହାଗ
ଅସମୟେ ଜୀବନର ଶେଷ, ଅଭିମାନେ ମନେ ଭରେ ରାଗ
କୁହ ପ୍ରଭୁ, କେଉଁ ଅପରାଧେ, ଦେଲ ତୁମେ ଏତେ ବଡ ଶାସ୍ତି
ବୁଝିଲନି ବନ୍ଧୁତା, ସଂପର୍କ, କେଉଁ ଦୋଷେ ଦଣ୍ଡିଲ ଏମିତି ?

ମଣିଷ ତ କଣ୍ଢେଇ ଖେଳନା, ନିଜେ ନୁହେଁ ନିଜ ନିୟନ୍ତ୍ରକ
କାମ ସିନା କରୁ ଥାଏ ନିଜେ, ଚାବି ରଖେ ଅଦୃଶ୍ୟ ଚାଳକ
କିଛି ଆମ ବଶେ ଥାଏ ପୁଣି, କିଛି ଥାଏ ଆଉ କାହା ହାତେ
ଜୀବନ ଓ ମରଣ କାହାଣୀ, ନଥାଏ ତା' ମାନବ ଆୟତ୍ତେ।

ଏ ସମୟେ ଗୀତା ଭାଗବତ, ତତ୍ତ୍ୱ ତାର ଏକା ହିଁ ପାଥେୟ
ଆତ୍ମା କେବେ ମରିଯାଏ ନାହିଁ, କେବେ ତାର ହୁଏ ନାହିଁ କ୍ଷୟ
ମନ ମଧ୍ୟେ, ଭାବନାରେ ସଦା, ରହିଥାଏ ସେନେହର ସ୍ମୃତି
ଭାବିଦେଲେ, ଝୁରି ହେଲେ ମନେ, ଡାକିଦେଲେ, ପହଞ୍ଚିବ କତି।

ଆଉ କେବେ ଭେଟିବିନି ତତେ, ରହିଗଲା ମନେ ଅବଶୋଷ
ତେବେ ମୋର ସ୍ମୃତିରେ ତୁ ସଦା, ରହିଥିବୁ ସତେଜ, ସରସ
ତୋ ସଂପର୍କ ଖିଅ ତ ରହିଛି, ସେ ଅସ୍ତିତ୍ୱ ରହିବ ନିଜର
ଈଶ୍ୱରଙ୍କ ଅନୁଗ୍ରହ ରହୁ, ଦିବ୍ୟ କୃପା ପାଉ ଆତ୍ମା ତୋର।

ଓଡ଼ିଶା ଭୂମିକୁ ନମେଃ

ପ୍ରବାସରେ ଆଜି ସ୍ମୃତି ଫୁଲ ରାଜି
ମହକାଇ ଯାଏ ମନ
ଅମୃତମୟ ସେ ମଧୁର ପରଶେ
ଉଲ୍ଲସି ଯାଏ ପରାଣ।
ସେ ଆମ ଓଡିଶା ମାଆ
ସେ ତ ସରଗଠୁ ମହନୀୟା।

ତାର ଶସ୍ୟ, ଫଳ ମାଉଁସ ଆମର
ତା ପାଣି ରକତଧାର
ତାହାର ସେନେହ ପଣତରେ ଗଢା
ଏହି ଜୀବନ ଆମର
ଏ ମନେ ଯେତେ ଭାବନା
ସେ ମାଟି ମମତା ସିନା।

ଅନୁପମ ସେହି ଜୀବନର ଧାରା
ପୁନିଅଁ ପରବ ରୀତି
ଶିଖାଇଛି ନୀତି ନିୟମ ସଂସ୍କୃତି
ସମ୍ପର୍କର ଭାବଗୀତି
ସହିଯିବାର ମହତ
କହିବାରେ ନାହିଁ ସେତ।

ପୁରୀ ଶିରିକ୍ଷେତ୍ରେ ବିଜେ ଚକାଡୋଳା
ଜଗତଜନଙ୍କ ପାଇଁ
ସେ ମହାପ୍ରସାଦ ମହାଭାବନାର
ତୁଳନାରେ ଜ୍ଞାନ ନାହିଁ
ଆଜି ଏ ପବିତ୍ର ଦିନେ
ଓଡିଶା ଭୂମିକୁ ନମଃ ।

ବିଦ୍ୟା ମହାଧନ, ବାଣ୍ଟିବି ସଂସାରେ ତୁମକୁ ସ୍ମରଣ କରି

ତୁମ ପ୍ରତି ମୋର ଶତ କୃତାଞ୍ଜଳି ସୁଝି ପାରିବିନି ଋଣ
ଏ ଜୀବନ ମୋର ଧନ୍ୟ ହୋଇଛି ଲଭି ତୁମ ଶିକ୍ଷା ଧନ।

ତୁମ ବେନି ହସ୍ତ ସତତ ପ୍ରସ୍ତୁତ ଥିଲା ମୋ ସାହାଯ୍ୟ ପାଇଁ
କିଶୋରୀ ମାନସ ଭ୍ରମିତ ସମୟେ, ଜ୍ଞାନ ଉପଦେଶ ଦେଇ।

ଶିକ୍ଷାଶ୍ରେଣୀ ମଧ୍ୟେ ଗଣିତ, ବିଜ୍ଞାନ, ନୀତି ନିୟମର ଧାରା
ବୁଝାଇବା ଛଳେ ଜୋଡି ରଖୁଥିଲ ଜୀବନ ଦର୍ଶନ ସାରା।

ଜୀବନ ଗଣିତ ଭିନ୍ନ ନୁହେଁ କେବେ ସବୁ ତ ସୂତ୍ରରେ ବନ୍ଧା
କେବେ ଏକଘାତ, କେବେ ସେ ଅବୈଧ ସମୀକରଣରେ ଛନ୍ଦା।

ସମାଧାନ କେବେ ସରଳ ତ ପୁଣି କେବେ ଅତ୍ୟନ୍ତ ଜଟିଳ
ସାଧ ସବୁ ପ୍ରଶ୍ନ, ଏକାଗ୍ରତା ପଣେ କରିଲେ ଚିନ୍ତା ଗଭୀର।

ବିଜ୍ଞାନ ସହିତ ଶିଖାଇଥିଲ ତ ପ୍ରତିପାଦନ ସଂସ୍କାର
ବିନା ପରୀକ୍ଷଣେ, କିଛି ସୂତ୍ର କେବେ ହୁଏନି କେଉଁ ଆଧାର।

ଜଗତରେ ଯାହା ଘଟିଛି, ଘଟୁଛି, ତା ପଛେ ଅଛି କାରଣ
ସେସବୁ କାରଣ ପାଇଁ ନାନା ସୂତ୍ର ଖଞ୍ଜା ରହିଅଛି ଜାଣ।

ଭବିଷ୍ୟତ ପାଇଁ ଭାବେ ଯେବେ ମୁହିଁ, ସପନରେ ଯାଏ ମଜ୍ଜି
ଅତୀତର ସେଇ ଶ୍ରେଣୀ ଗୃହ ଶିକ୍ଷା ମନେ ଆସଇ ବିରାଜି।

ଶିଖିଛି ମୁଁ ଗଣି କେତେ ଆଶୀର୍ବାଦ, ଚଢିଛି କେତେ ସୋପାନ
ଅତୀତରେ କେବେ ଜୀଇଁ ରହିନାହିଁ, ସ୍ଥିର କରିଦେଇ ମନ।

ରହିଲେ ଉଦ୍ୟମ, ଅସମ୍ଭବ କିଛି ରହେ ନାହିଁ ଦୁନିଆଁରେ
ସେ ଆତ୍ମବିଶ୍ୱାସ ଦେଇଥିଲ ତୁମେ, ସାହସ ଆଗେଇବାରେ।

ଜୀବନର ଯାତ୍ରା ନୁହେଁ ସମତଳ, ନୁହିଁଇ ସରଳରେଖା
କେବେ ଅବତଳ, କେବେ ଉନ୍ନତ, କେତେ ଗଣ୍ଠି ତହିଁ ଯୋଖା।

ଏମିତି ଅନେକ ଜୀବନର ସତ୍ୟ ଶିଖାଇଛ ଶ୍ରେଣୀ କକ୍ଷେ
କେବେ ଯଦି ଆସେ ଜଟିଳ ସମସ୍ୟା ସେ ସତ୍ୟ ନିଜେ ପରଖେ।

ତର୍କ, ବିତର୍କ, ମିଶାଣ, ଫେଡାଣ, ହରଣ, ଗୁଣନ କରି
ଯୁକ୍ତିଯୁକ୍ତ ଯାହା ମନେହୁଏ, ଆଗେ ବଢେ ମୁଁ ତାହାକୁ ଧରି।

ତଥାପି ଅନେକ ରହିଯାଏ ତ୍ରୁଟି, କେତେ ଦ୍ୱନ୍ଦ୍ୱ, କେତେ ଭ୍ରମ
ଭୁଲ୍ ଜାଣିଗଲେ ଭୁଲେ ନାହିଁ କରିବାକୁ ତାର ସଂଶୋଧନ।

ଆଜି ତୁମ ପାଇଁ କୃତାଞ୍ଜଳି ମୋର, କେବଳ ଭାବ ହୃଦର
ତୁମେ ଯେଉଁ ଧନ ଦାନ ଦେଇଅଛ, ପ୍ରତିଦାନ ନାହିଁ ତାର।

ତୁମେ ଯେଉଁପରି ଶିକ୍ଷା ଦେଇଥିଲ, ସେଇ ବାଟକୁ ଆବୋରି
ବିଦ୍ୟା ମହାଧନ, ବାଣ୍ଟିବି ସଂସାରେ ତୁମକୁ ସ୍ମରଣ କରି।

କର ଓଡ଼ିଶାର ଜୟଗାନ

ଗାଅଗାଅ ମିତ, ପୂଜା କର ନିତ୍ୟ, କର ଓଡିଶାର ଜୟଗାନ
କେତେ ସେ ସହିଛି, କେତେ ସେ ଭୋଗିଛି, ତଥାପି ସଜାଇଛି ସପନ।ପଦା

ଭଲ ହେବା ପଣ, ହୋଇଛି ଅଡୁଆ, ଠକିଛି ସେପାଇଁ କେତେଥର
ତଥାପି ଛାଡିନି, ମହାନତା ଗୁଣ, ବଞ୍ଚାଇ ରଖିଛି ସେ ବିଚାର
ଯେତେ ଯେତେ ଥର, ଝୁଣ୍ଟିଛି, ପଡିଛି, ସହିଛି କରି ପ୍ରଭୁ ସ୍ମରଣ।୧।

ଘଡିକରେ ଗଢିଦିଏ ସୌଧମାନ, ମନ୍ଦିର, ମାଳିନୀ କିର୍ତ୍ତି ରାଜି
ଉତ୍କର୍ଷତା ପଣେ, ଭରିଯାଏ କ୍ଷଣେ, ଯହିଁ ଶିଳ୍ପୀ ହାତ ଯାଏ ବାଜି
ଆଜିବି ଉଜ୍ଜ୍ୱଳ, ସେ କଳା ପ୍ରଦୀପ, ନାହିଁ ସେ ଶିଖାର ନିର୍ବାପଣ।୨।

ଝଡ, ମହାବାତ୍ୟା, ଭାଙ୍ଗିଛି ସମସ୍ତ ପ୍ରଗତି ଭାବନା, ମନୋବଳ
ଧ୍ୱସ୍ତ, ବିଧ୍ୱସ୍ତ, ଭଙ୍ଗା ଚଟାଣରେ ତଥାପି ଶୁଭଇ ଆଶା ସ୍ୱର
ସେଇ ଆଶା ପାଇଁ ବଞ୍ଚି, ବଞ୍ଚାଇଛି, ଓଡିଆ ଜାତିର ଟାଣପଣ।୩।

ସେହି ମୋ ଜନନୀ, ତାହାର ବୁକୁରେ ଜନମିଛି, ତେଣୁ ଧନ୍ୟ ମୁହିଁ
ତାର ମହାନତା, ସହନଶୀଳତା, ବିଶେଷ ଗୁଣର ଜ୍ଞାନ ନେଇ
ଜୀବନ ଯୁଦ୍ଧରେ ସେ ମୋ ରକ୍ଷା ଅସ୍ତ୍ର, ମୋର ସବୁ କିଛି ତାହା ଋଣ।୪।

ତଥାପି ଦେଖେ ମୁଁ ବକ୍ଷ ଦେଶେ ତାର ରହିଅଛି କେତେକେତେ ଗାତ
ଓଡିଆ ଭୁଲିଛି ନିଜର ଗାରିମା, ମାଗି ବଞ୍ଚି ଭାବେ ହେବ ବଡ
ଅନୁସରି ଘୃଣ୍ୟ ପଦକ୍ଷେପ, ସ୍ୱାର୍ଥ ହାସଲରେ ଏବେ ଦିଏ ମନ।୫।

ଅଯତ୍ନରେ ଗଢିଦିଏ ଅଟ୍ଟାଳିକା, ଯତ୍ନ କରିବାକୁ ଫାଙ୍କି ଦିଏ
କେତେ ଅର୍ଥ, କେତେ ପରିଶ୍ରମ, ସର୍ବ ମାଟିରେ ସେମିତି ମିଶିଯାଏ
ଭୁଲ୍ କରି, ଭୁଲିଯାଏ ସବୁକଥା, ରଖେନି ନିଜର ସ୍ୱାଭିମାନ।୬।

ଯଶ, ଖ୍ୟାତି, ଅର୍ଥ, ସମ୍ମାନର ଲୋଭେ, ନଡରି କରେ ସେ ପ୍ରତାରଣା
ବିଦ୍ୟାଳୟ କକ୍ଷେ, ମାଦକ ନିଶାରେ ଶିକ୍ଷକର ହୁଏ ବୁଦ୍ଧି ବଣା
ବୃଦ୍ଧ ପିତାମାତା ଭିକାରୀ ସାଜନ୍ତି, କୋଟିପତି ତାଙ୍କର ସନ୍ତାନ।୭।

ଦୁର୍ଗା ରୂପେ ନାରୀ ଶକ୍ତି ପୂଜା ପାଏ, କିନ୍ତୁ ହୁଏ ନାରୀ ନିର୍ଯ୍ୟାତନା
ପୂଜା, ସଂସ୍କାରରେ ମନ୍ତ୍ର, ପରିବର୍ତ୍ତେ, ଉଦଣ୍ଡ ନୃତ୍ୟରେ ସବୁ ଟଣା
ଶାସନ ସଭାରେ, ମାଡ ମରାମରି, କେତେଯେ କଦର୍ଯ୍ୟ ଆଚରଣ।୮।

କିପାଇଁ କେଉଁଠି ରହିଛି କି ଦୋଷ, ବୁଝି ପାରେନାହିଁ ମନ ମୋର
ସରିଛି ଭୋକିଲା ପେଟର ଜୀବନ, ଖାଇବା ଯୋଗାନ୍ତି ସରକାର
ତେବେ କିଆଁ ଯେତେ ଭଲ ଦେଖେ ମୁହିଁ, ତହିଁ ପାଏ ଏକ ଆବରଣ ?।୯।

ଉତ୍ତର ପାଇବା ସହଜ ହୁଏନି, କେବଳ ଆଶାରେ ହୁଏ ସ୍ଥିର
ନିଶ୍ଚେ ବଦଳିବ, ଓଡିଶାର ସ୍ଥିତି, ପୂର୍ବ ଯଶ, କୀର୍ତ୍ତି ହେବ ଠୁଳ
ପ୍ରଭୁ ଜଗନ୍ନାଥ ଆଶୀଷ ଅମୃତ, ଦେବ ଆଣି ସମୃଦ୍ଧି ସନ୍ଧାନ।୧୦।

ନକରାତ୍ମକ ଚିନ୍ତା ଯେତେ ମୋର ପ୍ରଭୁ ପଦେ ସମର୍ପି ଦେଇଣ
ସକରାତ୍ମକ ବିଚାରରେ ଦେଖେ ଓଡିଶାର ସୌଭାଗ୍ୟ ସମ୍ମାନ
ଗାଅଗାଅ ମିତ, ପୂଜା କର ନିତ୍ୟ, କର ଓଡିଶାର ଜୟଗାନ।୧୧।

ଜନନୀ, ଜନନୀ, ଜନନୀ ତୁ ପୁଣ୍ୟ ମାତୃଭୂମି

ଜନନୀ, ଜନନୀ, ଜନନୀ ତୁ ପୂଣ୍ୟ ମାତୃଭୂମି
ସ୍ମୃତିରେ ସାଇତା ତୋହରି ମମତା
ମୋ ଜୀବନର କେତେ ଯେ କାହାଣୀ
ଜନନୀ, ଜନନୀ, ଜନନୀ ତୁ ପୂଣ୍ୟ ମାତୃଭୂମି ।ପଦା

ତୋହରି ବୁକୁରେ ପାଦ ଥାପି ଦିନେ
ଚାଲି ଶିଖିଥିଲି ମୁହିଁ
ତୋ ପାଣି, ପବନ, ବହେ ଆଜି ମୋର
ଶିରାରେ ରକତ ହୋଇ
ସବୁଠାରୁ ବଳି ମୋର
ପ୍ରିୟ ତୋ ପଣତକାନି ।୧ ।

ମହୋଦଧି ତୋର ଚରଣ ଧୁଅଇ
ବଡଦାଣ୍ଡେ ଚାଲେ ରଥ
ମହାପ୍ରସାଦର ବାସ ମହକଇ
ଠାକୁର ଜଗତନାଥ
ମହାନତା ଗୁଣ ତୋର
ଶିଖି ମୁଁ ହୋଇଛି ଜ୍ଞାନୀ ।୨ ।

ଓଡିଶା ରାଇଜ କଳା, ସଙ୍ଗୀତର
ନାହିଁ ତ କାହିଁ ଉପମା
ଓଡିଶୀ ନୃତ୍ୟର, ଅଙ୍ଗ, ଭଙ୍ଗୀ, ତାଳ
ପଲ୍ଲବୀର ମଧୁରିମା
ସେ ଲାଳିତ୍ୟ, ଛନ୍ଦ, ଲାସ୍ୟ
ଧନରେ ହୋଇଛି ଧନୀ
ଜନନୀ, ଜନନୀ, ଜନନୀ ତୁ ପୂଣ୍ୟ ମାତୃଭୂମି ।୩।

ତୋ ଭାଷା ପଢି ମୁଁ ଜାଣିଛି ଜଗତ
ବୁଝିଛି ଭବ କାହାଣୀ
ସେ ପୂଣ୍ୟ ପୟରେ ନତ କରେ ଶିର
ହୃଦୟ ମୋ ଚିରଋଣୀ
ମୋ ଅନ୍ତର ଅର୍ଘ୍ୟଥାଳି
ଘେନ ଗୋ ପ୍ରିୟ ଜନନୀ ।୪।

ଜୀବନଟା ଚାଲିଯିବା ପରେ

ଜୀବନଟା ଚାଲିଯିବା ପରେ, ଆଉ କଣ ଥାଏ ?
କଣ କିଛି ରହିଯାଏ ?
ଏକ ଅଶରୀରୀ ଆତ୍ମା ?
ସେ କଣ ଦେଖୁଥାଏ ?
ସେ କଣ ଛୁଇଁ ଦେଉଥାଏ, ମିଶିଥାଏ ପବନ ଛୁଆଁରେ ?
ସେ କଣ ବାୟୁ କଣିକା ପାଲଟି ଭିତରକୁ ପଶିଯାଏ
ନିଃଶ୍ୱାସ, ପ୍ରଶ୍ୱାସର ପ୍ରକ୍ରିୟା ସହିତ ?
ଅମ୍ଳଜାନରେ ମିଶି ସିଏ କଣ
ରକ୍ତ ସହିତ ବହିଯାଏ ଦେହ ସାରା ?
ସେ କଣ ଆସନ ମାଡି ରହିଯାଏ ହୃଦୟ ଭିତରେ ?

ଏମିତି ବି ମନେ ହୁଏ
ହୁଏତ ସେ ପ୍ରିୟ ମଣିଷ
ପାଖରେ ଅଛି, ସବୁ ଶୁଣୁଛି, ସବୁ ଦେଖୁଛି
ଜୀବନଟା ସିନା ଚାଲିଯାଏ
ଶରୀର ଜଳି ମିଶିଯାଏ ମାଟିରେ,
ପାଣିରେ, ପବନରେ;
ହେଲେ ମଣିଷ ବଞ୍ଚି ରହେ
ଚିରଦିନ ପାଇଁ
ସ୍ନେହ ହୋଇ, ଶ୍ରଦ୍ଧା ହୋଇ

ପ୍ରେମ ହୋଇ, ଭକ୍ତି ହୋଇ
ଫୁଲ ହୋଇ ଫୁଟିଯାଏ ମନ କାନନରେ
ସ୍ମୃତି ହୋଇ ଭରି ରହେ
ଭାବନାରେ, ତାର ସମ୍ପର୍କ ଭିତରେ।

ସେ ସମ୍ପର୍କ ସରେ ନାହିଁ, ମରେ ନାହିଁ
ଖିଅଟିଏ ହୋଇ ଲାଖି ରହିଥାଏ
ଏ ଧରା ପୃଷ୍ଠରେ,
ଜନନ କୋଶିକାରେ ଜିନ୍ ତାର
ଛାପ ରଖିଦିଏ, ବର୍ଷ ବର୍ଷ ଧରି
ଭବିଷ୍ୟତର କେଉଁ ଦାୟାଦ ଭିତରେ;
ସେ ସମ୍ପର୍କ ଅଦୃଶ୍ୟ ହେଲେ ବି
କେଉଁଠି ନା କେଉଁଠି ସିଏ ଥାଏ,
ସେଇ ଅସ୍ତିତ୍ୱର ବିଶ୍ୱାସରେ
ମୁଁ ଆଉ ଶୋଚନାକୁ ଆପଣାଏ ନାହିଁ
ବରଂ ଚିନ୍ତନରେ ଆଣେ ତାର ସମ୍ପର୍କର କଥା
ଚିତ୍ରଟିଏ ଆପେଆପେ ଆଙ୍କି ହୋଇଯାଏ
ଖିଆଲରେ, ଭାବନା ମଧ୍ୟରେ।

ପ୍ରେମର ଯେ ମୃତ୍ୟୁ ନାହିଁ
କର୍ମର ଯେ ଅନ୍ତ ନାହିଁ
ସମ୍ପର୍କର ଶେଷ ନାହିଁ
ଚିନ୍ତନର ସୀମା ନାହିଁ
ହେ ସ୍ୱର୍ଗଯାତ୍ରୀ ଆତ୍ମା,
ତମେ ସେମିତି ରହିଥିବ
ଅମର ହୋଇ, ତୁମ ଚିତ୍ରକଳାରେ;
ତୁମେ ଦିଶୁଥିବ, ତୁମ ଗଳ୍ପ, କବିତାରେ
ତୁମ ବନ୍ଧୁ ହୃଦୟରେ
ତୁମେ କହିଥିବା ବଚନର ଧ୍ୱନିରେ

ତୁମେ କରିଥିବା ସାଧନା ସମଗ୍ରରେ
ପ୍ରିୟଜନ ସମ୍ପର୍କର ଅନେକ ସଂଜ୍ଞାରେ।

ଏବେ ତୁମେ ମୁକ୍ତ
ସମସ୍ତ ମାୟାରୁ, ଦୁଃଖରୁ
ଏ ପୃଥିବୀର ଯନ୍ତ୍ରଣାରୁ,
ଲୋଭରୁ, ମୋହରୁ, ଈର୍ଷାରୁ, ଭୟରୁ
ଦ୍ୱନ୍ଦ୍ୱରୁ, ପ୍ରତିଦ୍ୱନ୍ଦ୍ୱିତାରୁ
ଅନୁଭବି ଥିଲ ଯାହା ସବୁ ଜୀବନରେ;
ଏବେ ଶରୀର ଛାଡିବା ପରେ
ତୁମେ ଶାନ୍ତ, ତୁମେ ନିରାମୟ
ତୁମ ଆତ୍ମାର ଶାନ୍ତି କାମନାରେ
ପ୍ରାର୍ଥନା କରୁଛି ମୁହିଁ ଈଶ୍ୱରଙ୍କ ଠାରେ
ଯଦିଓ ଜାଣିଛି ଏ ସତ୍ୟ
ମୋ ଠାରୁ ତୁମେ ଏବେ
ଈଶ୍ୱରଙ୍କ ଅତି ନିକଟରେ।

ଶ୍ରଦ୍ଧାଞ୍ଜଳି

ହେ ପୂଜ୍ୟ, ହେ ନମସ୍ୟ, ହେ ମହାପ୍ରାଣ
ତୁମ ବିନା, ସବୁ ଲାଗେ, ଶୂନ୍ୟ, ଅସଂପୂର୍ଣ୍ଣ

କେତେ ଗଣିତର ସୂତ୍ର, ସଂଖ୍ୟା ଓ ତତ୍ତ୍ୱ ସମେତ
ଝୁରନ୍ତି ଲୋତକ ଢାଳି ଖୋଜି ସମାଧାନ
ହେ ପୂଜ୍ୟ, ହେ ନମସ୍ୟ, ହେ ମହାପ୍ରାଣ ।ପଦ।

ଅଜ୍ଞାନତା ଦୂର କରି ଜଗାଇ ମନରେ ଆଶା
ଗଣିତର ଜ୍ଞାନ ଦୀପ, ଜାଳି ଭରିଣ ଭରସା
ଅନୁଭୂତି ମାନ ବାଣ୍ଟି, କରିଛ କେତେଯେ ସୃଷ୍ଟି
ସେସବୁ ତୁମକୁ ଶୋକେ କରନ୍ତି ସ୍ମରଣ ।୧ ।

ଅପରିସୀମ ତୁମର, ଜ୍ଞାନାଲୋକ ଅବଦାନ
ଅନ୍ଧାର ଦୁର୍ଗମ ପଥେ, ଆଲୋକ ମାର୍ଗଦର୍ଶନ
ତୁମ ସୁନ୍ଦର ବ୍ୟାଖ୍ୟାନ, ଶୂନ୍ୟ, ପୂର୍ଣ୍ଣ ତତ୍ତ୍ୱ ମାନ
ଜଟିଳ ଜୀବନେ ସରଳ ସମୀକରଣ ।୨ ।

ତୁମ ସ୍ମୃତି, ତୁମ ଶିକ୍ଷା, ତୁମ କଳାପଟା ଲେଖା
ହୃଦୟ ଖାତାରେ ତାହା, ସବୁଦିନ ପାଇଁ ଛପା

ଗଣିତର ସୂତ୍ର ସାଥେ, ଜୋଡି ଯାଇଛ ଯେ ଏତେ
ଅମର ତେଣୁ ତୁମେ, ଅକ୍ଷୟ, ଚିରନ୍ତନ।୩।

ଏହି ମୋର ଶ୍ରଦ୍ଧାଞ୍ଜଳି, ତୁମ ପୂଣ୍ୟ ଆତ୍ମା ପାଇଁ
ତୁମ ଆଶୀର୍ବାଦ ଧାରା, ଜୀବନ ଯାଇଛି ଛୁଇଁ
ଅକ୍ଷୟ, ଅମର ସେହି, ଦାନ ଯାର ଅନ୍ତ ନାହିଁ
ହେ ମାର୍ଗଦର୍ଶକ ଘେନ ଭୂମିଷ୍ଠ ପ୍ରଣାମ।୪।

(ଗଣିତ ପ୍ରଫେସର ଗୋକୁଳାନନ୍ଦ ଦାସଙ୍କ ମହାପ୍ରୟାଣ
ଉପଲକ୍ଷେ ସମର୍ପିତ)

ପୁଣ୍ୟ ଓଡ଼ିଶା ଭୂଇଁ

ପୁଣ୍ୟ ଓଡିଶା ଭୂଇଁ
ଆମ ପୂଣ୍ୟ ଓଡିଶା ଭୂଇଁ
ତାର ତୁଳନା ଜଗତେ ନାହିଁ
ପଡିଛି, ଉଠିଛି, କାନ୍ଦିଛି, ହସିଛି
ଜଳରେ ବୁଡିଛି, ଝଡରେ ଝଡିଛି
ବଞ୍ଚିଛି କଷଣ ସହି।ପଦା

ହରାଇନି ଆଶା, ଈଶ୍ୱର ବିଶ୍ୱାସ
କଳାରେ, କୀର୍ତ୍ତିରେ ଫୁଟାଇଛି ରସ
ସମୟ ହାତରେ କରି ସମର୍ପଣ
କର୍ତ୍ତବ୍ୟ ସଂପନ୍ନେ ଢାଳିଦେଇ ପ୍ରାଣ
ଜୀବନ ଜିଇଁଛି ସେହି।

ନଥାଏ ଦିମୁଠା ଖାଇବାକୁ ଘରେ
ତଥାପି ସେନେହ ସେଇଠି ନସରେ
ଅତିଥି ଆସିଲେ, ଜାଗେ ନୂଆ ଫୂର୍ତ୍ତି
ଚରଚାରେ ଊଣା ନହୁଏ ଯେମିତି
ଭାବରେ ଅଭାବ ନାହିଁ।

ଗାଇଛି ସଂଗୀତ ଭରିଛି ରାଗିଣୀ
ଗଢିଛି ମନ୍ଦିର, କାରୁକାର୍ଯ୍ୟ ଖଣି
ସ୍ୱାଧୀନତା ଯୁଦ୍ଧେ ବଢାଇଛି ହାତ
ହରାଇନି ତେଜ ଡରି ରକ୍ତପାତ
ନୁଆଁଇନି ଶିର କାହିଁ ।

ଭାବନାରେ ଭରି ଜୀବନ ଦର୍ଶନ
ସରଜିଛି କେତେ କଥା, କାବ୍ୟ ମାନ
ଦୁନିଆକୁ ଦେଇ ଆଶାର ବାରତା
ସମର୍ପଣ ହରେ ସର୍ବ ଶଙ୍କା, ବ୍ୟଥା
ମାରେ ଯେ, ସେଇ ରଖଇ ।

ସେଇ ଓଡିଶାରେ ଜନମ ମୋହର
ସେ ମାଟି, ପାଣିରେ ଗଢା ମୋ ଶରୀର
ସେ ରାଇଜ ପ୍ରଭୁ ଦେବ, ଜଗନ୍ନାଥ
କରୁଣା ତାଙ୍କର ଜଗତେ ବିଦିତ
ସେ ପାଦେ ନିତ୍ୟ ନମଇଁ ।

ମହାପ୍ରଭୁ ନାମ, ମହାବାହୁ ଧାରୀ
ସମସ୍ତ ପ୍ରାଣୀ ତ ସର୍ଜନା ତୁମରି
ଏ ସାରା ଜଗତ, ଚଳେ ଯା' ଇଙ୍ଗିତେ
ଭୂତାଣୁ, ଜୀବାଣୁ, କିଏ ଅବା କେତେ
ଶୁଣ ଗୁହାରୀ ଗୋସାଇଁ ।

ଏ ସଙ୍କଟ ବେଳା, ଶୀଘ୍ର ହଟିଯାଉ
ତୁମ ସୃଷ୍ଟି ସଦା, ସୁଖ, ଖୁସି ପାଉ
ଝରାଅ ତୁମର ଅମୃତ କରୁଣା
ଚକ୍ର ପେଶି କର ବିନାଶ କରୋନା
ତ୍ରାସିତକୁ କର ତ୍ରାହି ।

ସମୟର ବଳ ଆଗେ କେହି ନୁହେଁ ସରି

ଚାଲିଯିବା ଅତୀତଟା ଆସେନାହିଁ ଫେରି
ସ୍ମୃତିରେ ସାଇତା ହୋଇ ରହେ ସେ ସେପରି
ସମୟର ବଳ ଆଗେ କେହି ନୁହେଁ ସରି
ଏ ସଂସାର ହାଟର ସେ ଜାଗ୍ରତ ପ୍ରହରୀ
ବୁଝିଯା ଏ ମନ ତୁ, ସଂସାର ନୀତି
ଅଳିକ ଏଠି ସବୁ ସଂପର୍କ, ସାଥୀ।

ସ୍ନେହ କେବେ ସରେ ନାହିଁ, ନାହିଁ ତାର କ୍ଷୟ
ମନ ସିନ୍ଦୁକରେ ନିରାପଦ ସେ ସଂଚୟ
ଭାବିଦେଲେ ପ୍ରିୟଜନ ଉଭା ହୁଏ ପାଶେ
ପବନରେ ତା ସ୍ନେହର ବାସ୍ନା ଭାସି ଆସେ।
ସ୍ମୃତିର ସଜଫୁଲ, ସଦା ସୁନ୍ଦର
ଝରାଏ ଭାବନାରେ, ପୀୟୂଷ ଝର।

ଏ ସଂସାର ମାୟାପୁର, ମୋହର ବଡଶୀ
ଦୁଃଖ ବି ଥାଏ ଏକାଠି ସୁଖ ସାଥେ ମିଶି
ମିଳନର ଉପରାନ୍ତେ ବିୟୋଗ ଘଟଣା
ଦିନ ପରେ ରାତି ଆସେ, ନୁହେଁ ଏ ଅଜଣା
ହସର କାନ୍ଦର ଏ ଅନନ୍ତ ଖେଳ
ସବୁରି କରତା ସେ, ବଡ ଠାକୁର।

ଆତ୍ମା ଚିର ଅମଳିନ, ଚିର ଅବିନାଶୀ
ଈଶ୍ୱର ଆତ୍ମା ମଧ୍ୟରେ ରହିଛନ୍ତି ମିଶି
ସବୁ ସୁଖ, ଦୁଃଖ, ଧର୍ମ, କର୍ମ ଯା ଆମର
ସେ ଏକା କରତା, ଆମେ ଯନ୍ତ୍ର ପରକାର
ସେ ଚରଣେ ଶରଣ ଗଲେଟି ଥରେ
ଆଦରି ନେବେ ସିଏ ସେନେହ ଭରେ
ତାଙ୍କରି ପାଦପଦ୍ମେ ନିଇତି ଧାଇ
ପାରି ହୋଇବା ଏହି ସଂସାର ନଈ।

ସେଇ ଓସା ଆମ, ଖୁସି ଆଶା ଆମ

ବିଦେଶ ଭୂଇଁରେ ପଣତ ବଢେଇ
ମମତା ଅମୃତ ଢାଳି
କୋଳାଇ ନେଇଛି ଆନନ୍ଦେ ସଭିଙ୍କୁ
ଅତି ଆପଣାର କରି
ସେଇ ଓସା ଆମ
ଖୁସି, ଆଶା ଆମ
ପରଦେଶେ ପରିବାର ଡୋରି ।ପଦା

ନୂଆ କରି ଘରଛାଡି ଯେବେ
ଏ ଦେଶକୁ ଆସିଥିଲି ମୁହିଁ
ଝୁରୁଥିଲି ସାଙ୍ଗସାଥୀ ମେଳ
ନୟନରୁ ଲୋତକ ଝରାଇ
ନିଜ ଦେଶକୁ ଭାବି
ମନେ ଝୁରି ତା' ଛବି
ଫେରିବାକୁ ବସିଥିଲି ଚାହିଁ।
ଓସା ଡାକିଲା ଆ, ଆ
ମୋ କୋଳେ ଟିକେ ବସିଯା
ସବୁ ଦୁଃଖ ଯିବୁ ତୁ ପାସୋରି ।୧ ।

ଦିନ ଥିଲା, ଅନଭିଜ୍ଞ ମନ
ନୂଆ ପରିବେଶେ ଭ୍ରାନ୍ତ ହୋଇ
କେତେକେତେ ଓଲଟା ନିୟମ
ଭଲମନ୍ଦ ବୁଝିହୁଏ ନାହିଁ
ସଦା ଅସ୍ଥିର ମତି
ହୃଦୟେ ଭୟ ଭୀତି
ଅନ୍ଧାରରେ ପଥ ନ ଦିଶଇ ।
ଓସା ଡାକିଲା ଆ, ଆ
ମୋ ପାଖେ ସବୁ ଗପିଯା
ଭୟ ଯେତେ ଯିବ ଅପସରି ।୨।

କୁହୁକ ଏ ବିଦେଶର ମାୟା
ସହଜରେ ଛାଡି ହୁଏ ନାହିଁ
ନିଜ ଦେଶ, ସଂପର୍କର ସ୍ମୃତି
ଭାଳି ମନ ହୁଏ ହାଇଁପାଇଁ
ଦୁଇ ନାଆରେ ଗୋଡ
ଜୀବନ ଗଡବଡ
ବିଷାଦ ବାଦଲ ଯାଏ ଛାଇ ।
ଓସା ଡାକିଲା ଆ, ଆ
ଥରେ ତୁ ଖାଲି ଦେଖିଯା
ଓସା ମିଳନୀର ସାଙ୍ଗମେଳି ।୩।

ବିନ୍ଦୁ ବିନ୍ଦୁ ମିଶିଗଲେ ଜଳ
ବ୍ୟାପ୍ତ ହୋଇ ହୁଏ ମହାସିନ୍ଧୁ
ପରଦେଶେ ମିଶାଇ ଏ ମନ
ଓସା ଭେଟିଦିଏ କେତେ ବନ୍ଧୁ
ପୂଜା ପରବ ମେଳ
ରଜର ଦୋଳି ଖେଳ
ଏକାପଣ ମନୁ ଯାଏ ଭୁଲି ।

ଓସା ଡାକଇ ଆ, ଆ
ମୋ ସାଥେ ଟିକେ ନାଚିଯା
ତୋର ଖୁସି, ସୁଖ ତ ମୋହରି ।୪ ।

ପରଦେଶେ ହେଲେ ଅଘଟଣ
ଓସା ଆସି ଠିଆହୁଏ ପାଖେ
ସ୍ନେହେ ଦେଇ ପିଠିକୁ ଆଉଁସି
ଆଦରରେ ଆଉଜାଏ ବୁକେ
ପଚାଶ ବର୍ଷ ଧରି
ଆଜିବି ହର୍ଷ ଭରି
ଦୁଃଖେ ଦିଏ ଆଶାଦୀପ ଜାଳି ।
ଓସା ଡାକଇ ଆ, ଆ
ସବୁ ଦୁଃଖ ତୋ କହିଯା
ତୁ ମୋର, ମୁଁ ପରା ତୋହରି ।୫ ।

ସ୍ୱାଭିମାନ

ସ୍ୱାଭିମାନୀ ଓଡିଆ ମୁଁ ଶକ୍ତ ମୋର ହୃଦୟ
ଭାଙ୍ଗିଯାଏ, ନଇଁବାକୁ ନିଏନାହିଁ ନିର୍ଣ୍ଣୟ
ଆତ୍ମାରେ ମୋ ପରମାତ୍ମା, ମୋ ଶକ୍ତିର ଆଲୋକ
ସଦା ପ୍ରଜ୍ୱଳିତ ଶିଖା, ଛୁଇଁ ପାରେନି ଦୁଃଖ ।୧ ।

ପୂର୍ବଜ ମୋ ଶୂର, ବୀର, ତୁଳନା ତାଙ୍କ ନାହିଁ
ସେଇ ରକ୍ତ ମୋ ଶିରାରେ ପ୍ରବାହିତ ହୁଅଇ
ସ୍ୱାଭିମାନ, ସେହି ମୋର ପରିଚୟ, ଅସ୍ତିତ୍ୱ
ମୋ ଜୀବନ ମୂଳମନ୍ତ୍ର, ସ୍ଫଟିକ ସମ ସ୍ୱଚ୍ଛ ।୨ ।

ଆସୁ ପଛେ ଝଡ, ଝଞ୍ଜା, ମନ ଭାଙ୍ଗି ଯାଏନି
ପଡିଥିଲେ, ଉଠିବାକୁ ଚେଷ୍ଟା କେବେ ଛାଡେନି
ମୁଣ୍ଡ ରହେ ଉଚ୍ଚ, ମନେ ରହେ ଦୃଢ ନିଶ୍ଚୟ
ହେବ ନିଶ୍ଚେ ପ୍ରତିକୂଳ ସମୟର ବିଲୟ ।୩।

ମୋ ଅନ୍ତରେ ପରମାତ୍ମା, ପବିତ୍ର ମହାଜ୍ଞାନୀ
ଦୃଢ ସ୍ଥିତି ଅନୁସରି, ପଥ କଢାନ୍ତି ଘେନି
ପଥର ସମାନ ସ୍ଥିର, ଅଚଳ, ମହାମେରୁ
ପ୍ରତିଜ୍ଞା ମୋ ସ୍ୱାଭିମାନ, ଓହରେନି ସେଥିରୁ ।୪ ।

ଆତ୍ମାକୁ ମାନିବା କେବେ ହୁଏନାହିଁ ସହଜ
ଦୁଃଖ, କଷ୍ଟ ଆସିଯାନ୍ତି, ଭାଙ୍ଗିଦେବାକୁ ଧୈର୍ଯ୍ୟ
କେବେ ଯଦି ସେ ସମୟେ ନିଏ ଭୁଲ୍ ନିଷ୍ପତ୍ତି
ଆତ୍ମାର ନିର୍ଦ୍ଦେଶ ବଦଳାଇଦିଏ ସେ ଗତି ।୫।

ସ୍ମରଣରେ ଆସେ ଓଡିଶାର ଗର୍ବ ଗୌରବ
ବୀର ପ୍ରସବିନୀ ମାତା, କୀରତିର ବିଭବ
ଠାକୁର ତା' ଜଗନ୍ନାଥ, ଜଗତର ମାଲିକ
ସେ ରାଇଜ ଦାୟାଦ ମୁଁ, ରଖିବି ତାର ଟେକ ।୬।

ସ୍ୱାଭିମାନ ପାଇଁ ଲୋଡା ଯତ୍ନ ପ୍ରତିଦିନର
ସ୍ନେହ ଭାବ, ପ୍ରେମ ଭାବ, ବୁଝାମଣା ମନର
କରିବାକୁ, ବିଫଳତା, ତ୍ରୁଟିକୁ ଆଲିଙ୍ଗନ
ସ୍ଥିର ଚିତ୍ତେ, ଚେଷ୍ଟା ପଣେ ସବୁର ସଂଶୋଧନ ।୭।

ନିଜ ମନ, ନିଜ ଆତ୍ମା, ହୃଦୟ ବୁଝିଗଲେ
ମହକିଯାଏ ଅନ୍ତର ସେଇ ଅନନ୍ୟତାରେ
ଅନ୍ୟର ଅନୁମୋଦନ, ଅନ୍ୟର ଅହଙ୍କାର
ଭାଙ୍ଗି ପାରନ୍ତିନି ସେହି ବିଶ୍ୱାସର ଭଣ୍ଡାର ।୮।

ସ୍ୱାଭିମାନ ଜୀବନର ଶ୍ରେଷ୍ଠ ଏକ କବଚ
ରହିଛି ଭରି ଅଜସ୍ର ଶକ୍ତିର ତହିଁ ଉତ୍ସ
ଯିଏ ଯାହା କହୁ, ତାହା, ମନୁ ହୁଏ ବାହାର
ନିଜ ଆତ୍ମା, ନିଜ କର୍ମ କରେ ଯେବେ ସ୍ୱୀକାର ।୯।

ସ୍ୱାଭିମାନ, ମୋ ଜୀବନ ଗତିପଥ ଚାଳକ
ପ୍ରତି ପଦେ ଚଲାପଥେ ବିତରଇ ଆଲୋକ
ତା' ଆଲିଙ୍ଗନରେ ମୋର ମନପ୍ରାଣ ପୂରଇ
ମୋ ଜୀବନ, ଧନ୍ୟ ହୁଏ, ଶଙ୍କା ରହେ ଦୂରେଇ ।୧୦।

ଶୁଭକାମନା

କହିବାକୁ ମନ ହୁଏ ବହୁତ କିଛି

ଆଜି ନୂଆ ବରଷ ଆସିଛି
କହିବାକୁ ମନ ହୁଏ ବହୁତ କିଛି
କରିବାକୁ ମନ କହେ ବହୁତ କିଛି
ଆଜି ନୂଆ ବରଷ ଆସିଛି
ସବୁ ନୂଆ ନୂଆ ଲାଗୁଛି ।ପଦ।

ନୂଆ ନୂଆ ଲାଗେ ଆଜି ପୁରୁଣା ଚିଜ
ନୂଆ ବରଷ ବୁଣିଛି ରଙ୍ଗ ମୁରୁଜ
ହସଇ ନୂଆ ଦୁନିଆ ନୂଆ ସୁରୁଜ
ମଜିଛି ମଣିଷ କରି କେତେ ମଉଜ
ନୂଆ ସପନ ମନେ ଜାଗିଛି ।୧।

ମନେ ପଡେ ପୁରୁଣା ବରଷର ପଣ
ବରଷକ ପରେ ସେ ଅଛି ଅପୂରଣ
ବିତିଗଲା ଗଣିଗଣି ଏତକ ଦିନ
ରହିଛି ତଥାପି ଇଚ୍ଛା ହୋଇ ସପନ
ମନ ସେଇ କଥାକୁ ଝୁରୁଛି ।୨।

ଅନୁଭବ ଚେତାଉଛି ହୋଇଛି ଗୁରୁ
ସତ୍ୟ ଦୁନିଆର ମାୟା ଅତ୍ୟନ୍ତ ଗରୁ

ରଥରେ ସାରଥୀ ହୋଇ ଜଗତପତି
ଗୀତା ଜ୍ଞାନ ଦେଇ ସବୁ ବୁଝାଇଛନ୍ତି
ଗୀତା ଆଲୁଅ ଦୀପ ଜାଳିଛି ।୩।

ପରିତ୍ୟାଗ କରି ସବୁ ଚିନ୍ତା, ଧରମ
କରିବା ଆଶ୍ରୟ ସେଇ ପଦ୍ମ ଚରଣ
ସାଜିବା କରମବୀର ନକରି ଭୟ
ରଖିବା ଧରମ କରି ଅଧର୍ମ କ୍ଷୟ
ବନ୍ଧୁ, ସଖା ସେ ରଥ ଟାଣୁଛି ।୪।

ତୁମ ପାଇଁ ବନ୍ଧୁ ଆମ ଶୁଭକାମନା
ନୂଆ ବରଷରେ ତୁମ ପୁରୁ କାମନା
କର୍ମଯୋଗ, ଜ୍ଞାନଯୋଗ ଦେଖାଉ ପଥ
ସଫଳ ହେଉ ତୁମର ସର୍ବ ସିଦ୍ଧାନ୍ତ
ତୁମ ମଙ୍ଗଳ ମୁଁ ମନାସୁଛି ।୫।

ଆସିଛି ନୂଆ ବରଷ, ସପନ ରଙ୍ଗ ବୁଣି

ଦେଖଦେଖ ଆଲୁଅର ସାଜସଜା, ରୋଷଣି
ଆସିଛି ନୂଆ ବରଷ, ସପନ ରଙ୍ଗ ବୁଣି
ଫୁଟୁଛି ବାଣ, ଶୁଭୁଛି ସଂଗୀତର ମୂର୍ଚ୍ଛନା
ମନ ନୂଆ ଆଶାଚିତ୍ର କରୁଅଛି ରଚନା ।

ହୁଏତ ଏ ନୁହେଁ କିଛି ଆଲୌକିକ ଘଟଣା
ନୂଆ ବରଷର କ୍ରମ, ପ୍ରଥା ସଭିଙ୍କୁ ଜଣା
ତଥାପି ମନ ଉଚ୍ଚାଟ, ନୂଆ କିଛି ଇଚ୍ଛାରେ
ମଙ୍ଗଳ, ଶୁଭ ଭାବନା, ହୃଦୟରେ ବିସ୍ତାରେ ।

ଅପୂରଣ ରହିଅଛି କେତେ ଯେ ବର୍ଷ ଧରି
ସପନଟିଏ ଯେମିତି ଏ ସନ ଯିବ ପୁରି
ସତେଜ ରହିବ ସଦା ତନୁ, ମନ, ଚିନ୍ତନ
ଚଲାପଥେ ବିଛିଯିବ ସଜଫୁଟା କୁସୁମ ।

ଯୋଜନା ପରେ ଯୋଜନା କରନ୍ତି ପ୍ରତି ନର
ଉନ୍ନତି ହୋଇବ ସବୁ କ୍ଷେତ୍ରେ ଏବର୍ଷ ମୋର
ଗଢାହେବ ନୂଆନୂଆ ସୌଧ ନୂଆ ରଙ୍ଗରେ
ସମୃଦ୍ଧିର ବାର୍ତ୍ତାବହ ସ୍ମୃତିସ୍ତମ୍ଭ ଢଙ୍ଗରେ ।

ସବୁ କଣ ସତ ହେବ, କାମନା ଯିବ ପୁରି
ଜୀବନରୁ ବିପର୍ଯ୍ୟୟ, କଷଣ ଯିବ ସରି
ଖୁସିରେ ରହିବେ ସର୍ବେ, ସେନେହ ହୃଦେ ମାଖି
ଇର୍ଷା ଭୁଲି ସୁଖୀ ହେବେ ଦେଖି ଅନ୍ୟକୁ ସୁଖୀ।

ଏମିତି କାମନା ମୁହିଁ ପ୍ରତିବର୍ଷ କରଇ
ତୁମ ପାଇଁ, ମୋ ପାଇଁ, ଦେଶ, ଦୁନିଆ ପାଇଁ
ଆନନ୍ଦ ମହକି ଯିବ ଚାରିପାଶେ ମୋହର
ସବୁରି ମୁଖେ ହସ ମୁଁ ଦେଖିବି ନିରନ୍ତର।

ସେଇ ଇଚ୍ଛା, ସେଇ ବାଞ୍ଛା, ରଖିଛି ମୁହିଁ ମନେ
ପ୍ରାର୍ଥନା କରୁଛି ପରମପିତାଙ୍କ ଚରଣେ
ଏ ଶୁଭ କ୍ଷଣରେ ମୋର ଶୁଭେଚ୍ଛା ତୁମ ପାଇଁ
ସର୍ବଦା ସୁଖୀ ରୁହ, ବିଭୁ ଆଶିଷ ପାଇ।

ଏ ନୂଆ ବରଷେ ହେଉ ସର୍ବ ଶୁଭ ମଙ୍ଗଳ

ଆସିଛି ନୂଆ ବରଷ, ପ୍ରତି ବରଷ ପରି
ତଥାପି ଲାଗୁଛି କାହିଁ, ଅତି ଅଚିହ୍ନା ଭଳି
ସଜ୍ଜିତ ରଙ୍ଗ ଆଲୋକେ, ସବୁ ଘର ବାହାର
ତଥାପି ଆନନ୍ଦ ପାଖେ ଥାଇ ବି ଲାଗେ ଦୂର ।୧ ।

କେମିତି ବିତୁଛି ଦିନ, ଆଶଙ୍କାରେ, ଭୟରେ
ଅହରହ ଅସୀଘାତ କେ କରେ ହୃଦୟରେ
ଅଦୃଶ୍ୟର କ୍ରୁର ହସ ଥରାଇ ଦିଏ ହିଆ
ଅଚିହ୍ନା ଦିଶୁଛି ନିଜ ଜଣାଶୁଣା ଦୁନିଆ ।୨ ।

ସମୟ ତା' ଗତିପଥ ଯାଇନି କିନ୍ତୁ ଭୁଲି
ରୋଷଣି ସଜାଇ ପହଞ୍ଚିଛି ତା' ଧର୍ମ ପାଳି
ନୂଆବର୍ଷ ଆସିଗଲା ଭୁଲିଯା ମନୁ ଭୟ
ଆଶାର ପ୍ରଦୀପ ଜାଳି ଯାଅ ତାକୁ ବନ୍ଦାଅ ।୩ ।

ଡାକୁଅଛି କେ ଅନ୍ତରୁ, ଉଠଗୋ ଉଠ ଏବେ
ଅର୍ଘ୍ୟଥାଳି ସଜାଇଣ ସ୍ୱାଗତ କର ବେଗେ
ବଜାଅ ବୀଣା, ପେଁକାଳୀ, ବିଞ୍ଚି ଦିଅ କୁସୁମ
ମନାସି ଶୁଭ, ସୌଭାଗ୍ୟ, କର ହେ ଆଲିଙ୍ଗନ ।୪ ।

ମୁଖାପିନ୍ଧା ମୁଖ କିଛି ବୁଝେ, କିଛି ବୁଝେନା
ତଥାପି ନୂଆ ସପନେ, କରେ କେତେ ଯୋଜନା
ସରିଯିବ ସତେ ଶୀଘ୍ର, ବିଶ୍ୱର ଏ ଦୁର୍ଗତି
ମିଳିଯିବ କରୋନାର, କୋପରୁ ଚିର ମୁକ୍ତି।୫।

ଫୁଟୁଛି ବାଣ, ଲାଗିଛି ମେଖଳା ଆଲୁଅର
ସଂଗୀତର ମୁରୁଛନା ସଞ୍ଚରେ ଖୁସି ଝର
ଅପାର୍ଥିବ ମାଧ୍ୟମରେ ଚାଲିଛି ଯୋଗାଯୋଗ
ସାଙ୍ଗସାଥୀ, କୋଳାହଳ, ଆନନ୍ଦ ମହୋତ୍ସବ।୬।

ସଙ୍ଗରୋଧ ମଧ୍ୟେ ସାଙ୍ଗ ହେବାର ନୂଆ ଝୁଙ୍କ
ନାହିଁ ମାମୁ ଠାରୁ କଣା ମାମୁର ଥିବା ସୁଖ
ଆଶାୟୀ ଚେତନା ନୂଆ ଆଶାର ସିଡ଼ି ଗଢ଼ି
ନୂଆ ବର୍ଷ ପାଳେ ନୂଆ ପାହାଚ ଯାଏ ଚଢ଼ି।୭।

ଶରୀର କେତେ ଯେ ଦୂରେ, ପାରେନା ଛୁଇଁ ହାତ
ତଥାପି ସେ କଥା କହେ, ହସେ, କାନ୍ଦେ, ଗାଏ ଗୀତ
ଦେଖିହୁଏ, ଶୁଣିହୁଏ, ମୁହଁକୁ ହୁଏ ପଢ଼ି
ଆଶାବାନ୍ଧି ମନଟିଏ, ସଜାଡେ ଇଚ୍ଛା ପେଡି।୮।

ପୁରୁଣା ବରଷଟିର ଯେତେ ଦ୍ୱେଷ, ଅଶାନ୍ତି
ନୂଆର ମନ୍ତ୍ର ପରଶେ ହେବ ସବୁ ସମାପ୍ତି
ପୁଣି ହେବ ଭେଟାଭେଟି, ଜମିବ କୋଳାହଳ
କେତେ ସ୍ନେହ, ଆଲିଙ୍ଗନ, ଦିଆନିଆ ଭାବର।୯।

ଏତିକି ଶୁଭେଚ୍ଛା ବନ୍ଧୁ ତୁମ ପାଇଁ ଆମର
ଏ ନୂଆ ବରଷେ ହେଉ ସର୍ବ ଶୁଭ ମଙ୍ଗଳ
ଘଣ୍ଟି ଘୋଡାଇ ରଖନ୍ତୁ ତୁମକୁ ବିଶ୍ୱ ପତି
ସୁସ୍ଥ ରୁହ, ସୁଖୀ ରୁହ, ଆନନ୍ଦ ରହୁ ମତି।୧୦।

ତୁମପାଇଁ ଏ ବରଷ ହେଉ ସରସ, ସୁରଭିତ

ନୂଆଆଶାର ସପନ ବୁଣି
ଜଳାଇ ଶୁଭବତି
ନୂଆ ବରଷ ପହଞ୍ଚିଗଲା
ଗାଇ ମଙ୍ଗଳଗୀତି ।୧।

ବାଣ ରୋଷଣି, ଆଲୁଅମାଳା
ନାଚଗୀତର ମେଳା
ଆନନ୍ଦେ ନାଚେ ଧରଣୀ ମାଆ
ଝରାଇ ସ୍ନେହଧାରା ।୨।

ସୁନ୍ଦର କେତେ ଅନୁଭୂତିର
ବରଷ ଗଲା। ବିତି
ହୋଲିର ରଙ୍ଗ, ଅବିର ଖେଳା
ଦୀପାବଳିର ସ୍ମୃତି ।୩।

କେତେ ସେନେହ ମିଳାଇଗଲା
ଖରା, ବରଷା ଭଳି
କାଳଚକ୍ରର ଇଚ୍ଛା, ଶକତି
କିଏ ପାରିଛି କଳି ।୪।

ଆଖିରେ ଲୁହ, ମନରେ କୋହ
ହୃଦୟ ଲାଗେ ଫାଙ୍କା
ରଙ୍ଗଶୂନ୍ୟ ଏ ବ୍ୟର୍ଥ ଜୀବନ
ଦୁନିଆ ଲାଗେ ଫିକା ।୫।

ତଥାପି ଆମେ ଆଗେଇ ଯିବା
ସମୟ ସାଥେସାଥେ
ଏକବାର ଏ ଜୀବନଯାତ୍ରା
ସଂସାର ମହାରଥେ ।୬।

ପ୍ରିୟଜନର ସ୍ମୃତି ସବୁକୁ
ହୃଦର ମନ୍ଦିରରେ
ସାଇତି ପୂଜା କରିବା ନିତି
ନିଜ ଭାବନା ମେଳେ ।୭।

ବଦଳୁ ଅଛି ଜୀବନ ଆମ
ଉଦ୍ୟୋଗ, ଜ୍ଞାନ ବଳେ
ନୂଆ ବରଷ, ନୂଆ ପରଶ
ନୂଆ ଚିନ୍ତନ ଭରେ ।୮।

ଏ ଶୁଭ କ୍ଷଣେ, ବିଭୁ ଚରଣେ
ପ୍ରାର୍ଥନା କରେ ଚିତ୍ତ
ସ୍ନେହ ପ୍ରେମର ଅମୃତ ତୁମ
ଜୀବନ କରୁ ସିକ୍ତ ।୯।

ସଫଳତାର କୁସୁମ ଫୁଟି
ସଜାଉ ତୁମ ପଥ
ତୁମପାଇଁ ଏ ବରଷ ହେଉ
ସରସ, ସୁରଭିତ ।୧୦।

ନୂଆ ବରଷ ଆସିଛି ଆଜି ନୂଆ ସପନ ନେଇ

ନୂଆ ବରଷ ଆସିଛି ଆଜି ନୂଆ ସପନ ନେଇ
ରଙ୍ଗ ଉଡେଇ, ବାଣ ଫୁଟେଇ, ନୂଆ ଆଶା ମନେ ଭରି ଦେଇ।

ବରଷକ ତଳେ କେତେ ସ୍ୱପ୍ନ ଦେଇ
ଆସିଥିଲା ବରଷଟେ ନୂଆ ରୂପ ନେଇ
ଦେଖୁଦେଖୁ ବିତିଗଲା, ନୂଆ ଯେ ପୁରୁଣା ହେଲା
ଆଉ ଏକ ବର୍ଷ ଆସେ ସେଇ ବାର୍ତ୍ତା ବହି।

ଦେଇ କେତେ ଅନୁଭବ, ଦୁଃଖ, ସୁଖ ସ୍ମୃତି
ଚାଲିଗଲା ବରଷଟି ହୋଇ ଅନୁଭୂତି
ପୁରିଗଲା କିଛି ଇଚ୍ଛା, ରହିଗଲା କିଛି ଆଶା
ମନ ପୁଣି ନୂଆ ସ୍ୱପ୍ନ ଗଢେ ରୂପ ଦେଇ।

ଜୀବନ ତ ବଦଳୁଛି ନିତି ପ୍ରତିଦିନ
ତୁମେ ମୋର ବନ୍ଧୁ ସଦା ଚିର ଅମଳିନ
ଆମର ବନ୍ଧୁତାପଣ, ରହୁ ସଦା ସ୍ୱର୍ଣ୍ଣ ସମ
ସୁଖର ସୁବାସ ଭରୁ ମନ ମହକାଇ।

ଖୁସିର ଏ ଅନୁକ୍ଷଣେ, ନୂଆର ରଙ୍ଗରେ
ମନ ସଜାଇଛି ସ୍ୱପ୍ନ ନୂତନ ଢଙ୍ଗରେ
ଅସଫଳ ଥିଲା ଯାହା, ସଫଳ ହୋଇବ ତାହା
ଥୁଣ୍ଟା ଗଛ କଅଁଳିବ କୁସୁମ ଫୁଟାଇ ।

ଏ ଶୁଭ ନୂଆ ବରଷେ, ଆମର ଶୁଭେଚ୍ଛା
ପ୍ରଭୁ କୃପା ବଳେ, ପୂର୍ଣ୍ଣ ହେଉ ତବ ବାଞ୍ଛା
ଘେନିଆସୁ ପ୍ରତିକ୍ଷଣ, ସୁଖଦ ସନ୍ଦେଶ ମାନ
ପ୍ରିୟଜନ ମେଳେ ଏ ଜୀବନ ଯାଉ ବହି ।

ନୂଆ ବରଷ, ଖୁସିରେ ବିତୁ, ନୂଆ ଆଶା ସପନେ

ବରଷଟିଏ ନୂଆ ବେଶରେ ଉନ୍ମାଦନା ଭରି
ଧରାରେ ପାଦ ଥାପିଲା ଯେବେ ଚିତ୍ତ ଚଞ୍ଚଳ କରି
ଏତେକ ଦିନ ଏତେ ଚଞ୍ଚଳ ବିତି କେମିତି ଗଲା
ଅନେକ ଆଶା, ସପନ ମନେ ସବୁ ବାକି ରହିଲା ।୧ ।

କା' ପାଇଁ ଆସେ ଶୁଭ ଖବର, କା' ପାଇଁ କାନ୍ଦରୋଳ
କାହାର ହେବ ଶୁଭ ସ୍ୱାଗତ, କାହା ବିଦାୟ ବେଳ
ଏମିତି ସବୁ, ସୁଖଦୁଃଖର ଛବି ଜୀବନେ ଆଙ୍କି
ନୂଆ ବରଷ, ନୂଆ ଘଟଣା, ସମସ୍ତ ଯିବ ଲେଖି ।୨ ।

ପୁରୁଣା ବର୍ଷ ଅତୀତ ସ୍ମୃତି ହୋଇଯିବଟି କ୍ଷଣେ
ଲୁହ ଶୁଖିବ, ଚିତ୍ତ ବୁଝିବ, ନୂଆ ଆଶା ସପନେ
ଏମିତି ସିନା ଧରାରେ ଏହି ଜୀବନ ଅଭିନୟ
କରମ ଆମ, ଭାଗ୍ୟରେଖା, ପ୍ରଭୁଙ୍କ ଅଭିପ୍ରାୟ ।୩ ।

ସେହି କରତା, ସେହି ସମସ୍ତ କରିଛନ୍ତି ଭିଆଣ
ତାଙ୍କ ଆଶୀଷ, ତାଙ୍କ କରୁଣା, ଆମର ଏ ଜୀବନ
ଯାହା ଯେମିତି ଯେଉଁ ସମୟେ, ହେବାର ଥାଏ ହୁଏ
ତୁଚ୍ଛାରେ ନର ଭାଳେଣି କରି ଜୀବନେ ଦୁଃଖ ପାଏ ।୪ ।

ନୂଆ ବରଷ, ସବୁରି ମନେ ଜ୍ଞାନ ପ୍ରଦୀପ ଜାଳୁ
ସବୁରି ପଥେ ଶୁଭ କୁସୁମ, ଶୁଭ କୁଙ୍କୁମ ଭରୁ
ଏହି ଆମର କାମନା ବନ୍ଧୁ, ସବୁରି ପାଇଁ ମନେ
ନୂଆ ବରଷ, ଖୁସିରେ ବିତୁ, ନୂଆ ରବି କିରଣେ ।୫ ।

ନୂଆ ବରଷର ଆଶା

ଆଶା ଥିଲା, ତୁମ ଆଗମନେ, ସବୁ କିଛି ଯିବ ଠିକ୍ ହୋଇ
ଜୀବନର ଦୁର୍ଦ୍ଦିନ, ଦୁଃସ୍ୱପ୍ନ ସବୁକିଛି ଯିବଟି ଉଭାଇ
ପୁଣି ସେହି ରଙ୍ଗର ମେଖଳା, ଖେଳିଯିବ ଗଗନେ ପବନେ
ମଣିଷର ହସ, କଳାଳାପ, ଶୁଭେଚ୍ଛାର ଅସଂଖ୍ୟ ସୁମନେ।

ଶୁଭୁଥିବ ବାଇଦ ବାଜଣା, ଭେରି, ତୁରୀ, ସଂଗୀତର ସ୍ୱର
ନାନାବର୍ଣ୍ଣ ପୋଷାକ ପିନ୍ଧିଣ, ନାଚୁଥିବେ ଜନ ସବୁଠାର
ପଡୁଥିବ ଫୁଲ ଆକାଶରୁ, ତୁମେ ଯେବେ ଛୁଇଁବ ଧରାକୁ
ବିଶ୍ୱବାସୀ ସେନେହ ସ୍ୱାଗତ, ବନ୍ଦାପନା କରିବେ ତୁମକୁ।

କିନ୍ତୁ ହାୟ, ଏ କି ବିପରୀତ, ଘାରେ ଚିତ୍ତେ ଭୂତାଣୁର ଭୟ
ଭବିଷ୍ୟତ କଳି ହୁଏ ନାହିଁ, ସବୁ କିଛି ଲାଗଇ ବିସ୍ମୟ
ଜଣା ଥିବା ସୁତ୍ର, ଜ୍ଞାନ ମାନ, ସବୁ ସତେ ହୋଇଯାନ୍ତି ଶୂନ୍ୟ
ଦୁଇହାତ ଟେକି ଦେଇ ଉର୍ଦ୍ଧ୍ୱେ, ଅଜଣାରେ କରେ ସମର୍ପଣ।

ତଥାପି ଅନ୍ତରରୁ ପ୍ରବୋଧି, କିଏ କହେ କର ଦ୍ୱନ୍ଦ୍ୱ ଦୂର
ଯାହା ଯେବେ ହେବାର ସମୟ, ଖଞ୍ଜିଛନ୍ତି ଏକ ସୂତ୍ରଧର
ସେ ଚାହିଁଲେ ଭାସଇ ପଥର, ସେ ଚାହିଁଲେ ବୁଡିଯାଏ ଫୁଲ
ନିଜର ଏ ବିଚିତ୍ର ସର୍ଜନା, ସାଇତିବେ ସେହି ବିଶ୍ୱମ୍ଭର।

ସେଥିପାଇଁ ବାନ୍ଧି ମନେ ଆଶା, ଜାଳିଛି ମୁଁ ବିଶ୍ୱାସର ବତି
ତୁମ ପାଇଁ କରୁଛି କାମନା, ସର୍ବ ସୁଖ, ମଙ୍ଗଳ ସମ୍ପତ୍ତି
ସବୁ ମଧ୍ୟେ ରହୁ ସମନ୍ୱୟ, ସୁଖ ଶାନ୍ତି ଭରୁ ଜୀବନରେ
ଈଶ୍ୱରଙ୍କ ଆଶିଷ ଅମୃତ ଝରୁଥାଉ ସଦା ତୁମ ଶିରେ ।

ନୂତନତାର ପୁଲକରେ

ନୂତନତାର ପୁଲକରେ
ଶିହରିଯାଏ ଦେହ, ମନ ଭିତରେ ଭିତରେ,
ଉନ୍ମାଦନା ଚେଇଁଉଠେ
ନୂଆରକ୍ତ ବହିଯାଏ ଶିରାରେ ଶିରାରେ,
ଆଃ, ନୂଆ ମୁଁ, ସଜଫୁଲ
ମୋ ମନରେ ନୂଆ ଆଶା, ମୁଁ ବିଭୋର ମଧୁର ସ୍ୱପ୍ନରେ।

ପଛକଥା ମନେପଡେ
ଏମିତି କେତେ ନୂଆବର୍ଷ ସ୍ମୃତିର ପୃଷ୍ଠାରେ
ସ୍ୱପ୍ନ ଗଢିବାର, ସ୍ୱପ୍ନ ଭାଙ୍ଗିବାର
ପୁଣି ସ୍ୱପ୍ନକୁ ଯୋଡିବାର ଆଶା, ବିଶ୍ୱାସରେ
ପ୍ରୟାସର ସଞ୍ଜୀବନୀ
ଅଭିପ୍ସାର ଅନୁରାଗ, ମନଟାଣେ ପୁଣି କେଉଁ ନବକଳେବରେ।

ସମୟର ଏ ଲହରୀ
ଚାଲ ଆମେ ପହଁରିବା ଖୁସିରେ ଖୁସିରେ
ସମ୍ଭାବନା ସନ୍ଧାନରେ
ଚାଲ ଆମେ ମିଶିଯିବା ସଂହତି ଶକ୍ତିରେ
ଗଢିଯିବା ନୂଆ ସୌଧ
ରଖିଯିବା ପଦଚିହ୍ନ, ମହାଭାବର ମହାନତା ଓଡିଆ ଚିନ୍ତାରେ।

ଏ ନୂଆବର୍ଷରେ ବନ୍ଧୁ
ସୁଖ, ଶାନ୍ତି, ହସ ଭରୁ ତୁମ ଜୀବନରେ
ଈଶ୍ୱରଙ୍କ ଆଶୀର୍ବାଦ,
କୃପା ଝରୁ ଅହରହ ତୁମ ଇଚ୍ଛାପରେ
ଆମର ଏ ବନ୍ଧୁପଣ
ଅମର, ଅଜେୟ ହେଉ, ନୂଆ ଏକ ସ୍ମାରକୀର ଗଢିବା ଇଚ୍ଛାରେ ।

ବନ୍ଧାଉଛି ନବବର୍ଷେ ପକାଉଛି ହୁଳହୁଳି

ନୂଆବର୍ଷ ଆସିଗଲା, ହେଲେ ମୁଁ ପ୍ରସ୍ତୁତ ନୁହେଁ
ବର୍ଷଟିଏ ବିତିଗଲା, ମନେ ବିଶ୍ୱାସ ନ ହୁଏ
ଏତେ ଶୀଘ୍ର ବର୍ଷଟିଏ କେଉଁମତେ ସରିଗଲା
ଅଧାରୁ ଅଧିକ କାମ ବାକି ହୋଇ ରହିଗଲା ।୧ ।

ଦେଖୁଛି ବାର୍ତ୍ତା ମୁଁ କେତେ, ଶୁଭେଚ୍ଛା ନୂଆ ବର୍ଷର
କେତେ ନାଚ, କେତେ ଗୀତ, କେତେ ଯେ ଅଙ୍ଗଭଙ୍ଗୀର
ବଦଳିଛି ଏ ମଣିଷ, ବଦଳିଛି ଏ ସଂସାର
ବଦଳିଛି ବାର୍ତ୍ତା ସବୁ, ବାର୍ତ୍ତା ଥିବା ମାଧ୍ୟମର ।୨ ।

ଯନ୍ତ୍ରବତ୍ ମଣିଷ ଆଜି କରଇ ଅନେକ କିଛି
କରୁଥାଏ, ହେଲେ ମନେ ଚିହ୍ନ ସବୁ ଯାଏ ପୋଛି
କାମ ସରିଗଲା ପରେ ସରିଯାଏ ସେ ସଂପର୍କ
ପୁଣି ନୂଆ ଅନ୍ୱେଷଣ, ଆରମ୍ଭ ପୁନଶ୍ଚ ଏକ ।୩ ।

ଏଇମତେ ସମୟଟା କେଉଁଭଳି ସରିଗଲା
ନୂଆ ବରଷଟା ଥିଲା, ଆଜି ସେ ପୁରୁଣା ହେଲା
ପୁଣି ଏକ ବର୍ଷ ଆସି ଛଡାଇ ତା' ଅଧୀକାର
ସିଂହାସନ ମାଡି ବସି ବିରାଜଇ ତା' ଉପର ।୪ ।

ସମୟର ସାଥେ ମିଶି କରିବାକୁ ନିଜ କର୍ମ
ଶାସ୍ତ୍ର କହେ, ଜ୍ଞାନ କହେ, ତାହା ମଣିଷର ଧର୍ମ
ସେଇ ଧର୍ମ ଅନୁସରି, ଧରି ମୁଁ ସ୍ୱାଗତ ଥାଳି
ବନ୍ଦାଉଛି ନବବର୍ଷେ ପକାଉଛି ହୁଳହୁଳି ।୫।

ଆସ ନୂଆବର୍ଷ ତୁମେ ଶୁଭର ବାରତା ଘେନି
ହସୁ ଧରା, ସୁଖ ସ୍ପର୍ଶେ ବାଜୁ ଆନନ୍ଦ ବାଜେଣି
ମଣିଷ ଜୀବନ ପଥେ ବିଞ୍ଚିଯାଉ ପୁଷ୍ପରାଗ
ସୌଭାଗ୍ୟର ପରଶରେ ଝଲସୁ ଧରାର ଭାଗ୍ୟ ।୬।

ହିଂସା, ଦ୍ୱେଷ, ଦ୍ୱନ୍ଦ୍ୱ ସର୍ବ ଯାଉ କ୍ରମେ ଅପସରି
ମଣିଷ ଜୀବନ ସୁଖ, ସଂକଳ୍ପ ହେଉ ସବୁରି
ନିଜ ଭଳି ଅନ୍ୟ ପାଇଁ ଜାଗୁ ସବୁ ମନେ ସ୍ନେହ
ପ୍ରଶମିତ ହେଉ କଷ୍ଟ ଧରା ରହୁ ନିରାମୟ ।୭।

ମାନବ ଧର୍ମ ନୀତିରେ ସମାଜ ହେଉ ସ୍ଥାପିତ
ଆପଣାର ସ୍ୱାର୍ଥ ପାଇଁ ସଂପର୍କ ନ ହେଉ ତିକ୍ତ
ଦେଶ ଦେଶ ମଧ୍ୟେ ରହୁ ସୁସଂପର୍କ, ବୁଝାମଣା
ଏ ବିଶ୍ୱର ହିତ ଚିନ୍ତା, ହେଉ ସବୁରି କାମନା ।୮।

ନୂଆବର୍ଷେ ଆବାହନ କରୁଛି ମନାସି ଏହା
ଈଶ୍ୱରଙ୍କ ଶ୍ରୀଚରଣେ, ନିବେଦନ ତାଙ୍କ ଦୟା
ନୂଆବର୍ଷ ତୁମ ପାଇଁ ହେଉ ବନ୍ଧୁ ସୁଖମୟ
ନୂଆ ଖୁସି, ସୁଖ ସୂର୍ଯ୍ୟ ଜୀବନେ ହେଉ ଉଦୟ ।୯।

କୁସୁମିତ ହେଉ ତୁମ ଚଲାପଥ, ଲକ୍ଷ୍ୟପଥ
ସଫଳ ହେଉ ପ୍ରଚେଷ୍ଟା, ସମୟ ନଯାଉ ବ୍ୟର୍ଥ
ଦେହ ରହୁ ରୋଗମୁକ୍ତ, ମନ ହେଉ ପ୍ରେମଯୁକ୍ତ
ଏ ମୋର ଶୁଭକାମନା, ହେଉ ଚିତ୍ତ ଆଲୋକିତ ।୧୦।

ସମୟ ସନ୍ଦେଶ

ସମୟ ସନ୍ଦେଶ, ଦେଇ ନୂଆବର୍ଷ ନବ ଅଭିସାର କରି
ନବ ଉନ୍ମାଦନା, ନବ ଉଦ୍ଦୀପନା, ନବ ଅଭୀପ୍ସା ଭରି
ବିରାଜି ଧରାରେ ଚେତାଏ ସଧୀରେ, ଆଖିଖୋଲି ଟିକେ ଚାହଁ
ବରଷ ତଳର ଆଶା ମଞ୍ଜି ତୁମ ଫଳଭରା କିବା ନୁହଁ ?

ବରଷକ ପୂର୍ବେ କରିଥିଲ ଯାହା ଜୀବନ ପାଇଁ ଶପଥ
କେତେ ଅପୂରଣ ରହିଲା କେଉଁଠି ଭୁଲିଗଲ ତୁମେ ପଥ
ତୁମ ବୟସରେ ହୋଇଗଲା ଯୁକ୍ତ ଆହୁରି ଗୋଟିଏ ବର୍ଷ
ପରିବର୍ତ୍ତନର ସେହି ତାଳ ସାଥେ, ନିଜ ଗତି ତୁମେ ବାଛ।

ନୂଆ ବର୍ଷ କିଛି ନୂଆ କଥା ନୁହେଁ ପ୍ରତିବର୍ଷ ସିଏ ଆସେ
ନୂଆ କିଛି ସ୍ମୃତି ରଚିଯିବା ପାଇଁ ଦୁନିଆଁ ଆନନ୍ଦେ ଭାସେ
ନୂଆ ଆଶା ବୀଜ ବୁଣି ଦେଇଯାଏ ସବୁରି ମନ କାନନେ
ପ୍ରସ୍ଫୁଟିତ ପୁଷ୍ପ, ବାସର ମହକ ସପନ ଭରେ ପବନେ।

କିଛି ସ୍ୱପ୍ନ ନିଏ ସତ୍ୟର ସ୍ୱରୂପ, ଉଲ୍ଲସେ ଜୀବନ ହସେ
କିଛି ଆଶା ପୂର୍ଣ୍ଣ ହୋଇଯାଏ ତହିଁ ଖୁସିର ପରାଗ ଭାସେ
ଅଜଣା ଅଶୁଣା, କେଉଁଠାରୁ କ୍ଷଣେ ସମସ୍ୟାର ଝଡ ଆସି
ଭାଙ୍ଗି ଦେଇଯାଏ ସୁଖର ମହଲ ନିଷ୍ଠୁରତା ପରକାଶି।

ଜୀବନ ଏମିତି ସୁଖ ଦୁଃଖ ଭରା କେବେ ଦିନ କେବେ ରାତି
କେବେ ଟାଣ ଖରା, କେବେ ମେଘ, ଶୀତ, କେବେ ବସନ୍ତର ଗୀତି
ରୌଦ୍ରତାପ କଷ୍ଟ ସହି ଥିଲେ ଦିନେ ସୁଖ ବରଷା ଝରିବ
ଶୀତ ସହିଥିବା ଥୁଣ୍ଟା ଦ୍ରୁମ ଦିନେ ନିଶ୍ଚେ ପଲ୍ଲବିତ ହେବ।

ଆସ ଭୁଲିଯିବା କ୍ଷଣଟିଏ ପାଇଁ ଦୁଃଖ ଦୁର୍ଦ୍ଦଶାର ଭୀତି
ନୂଆ ବରଷର ନୂଆ ପୁଲକରେ ଗଢିବା ସୁଖର ସ୍ମୃତି
ସତେଜ ଆଶାର ପ୍ରଦୀପ ଜାଳିବା, ମନାସି ଜଗତ ହିତ
ଈଶ୍ୱରଙ୍କ ପଦେ ପ୍ରାର୍ଥନା କରିବା, ସମରପି ଦେଇ ଚିତ୍ତ।

ବନ୍ଧୁ ଭାବେ ତାଙ୍କୁ ଡାକିଦେଲେ ଥରେ ଆସି ପହଞ୍ଚିବେ କତି
ସକଳ ଦୁର୍ଦ୍ଦଶା ଅପସରି ଯିବ, ହଟିଯିବ ଭୟ ଭୀତି
ତୁମ ପାଇଁ ବନ୍ଧୁ ନୂଆ ବରଷର ଶୁଭକାମନା ମୋହର
ଈଶ୍ୱରଙ୍କ ଆଶୀର୍ବାଦ, ବନ୍ଧୁପଣ, ହେଉ ସଦା ସହଚର।

ହର୍ଷିତ ନୂଆବର୍ଷ

ସମୟର ଏ ସଙ୍କେତ ବାଦ୍ୟ
ବାଜିଲା ଭେରି ତୁରୀ
ରଙ୍ଗରସରେ ଉଛୁଳେ ମନ
ନୂଆ ସପନ ଭରି
ଯାହା ରହିଲା ଅପୂରଣ
ନୂଆ ବରଷେ, ନୂଆ ବିଶ୍ୱାସ, ହୋଇବ ସେ ପୂରଣ।

ଅଗୋୟତ ଏ ମଣିଷ ଭାଗ୍ୟ
ଦୁଃଖ, ସୁଖର ଖେଳ
ସମୟ କେବେ କଣ୍ଟା ବିଛାଏ
କେବେ ଫୁଟାଏ ଫୁଲ
ଷଡରତୁର ଚକ୍ର ପରି
ଆଶା, ନିରାଶା ଚକ୍ରରେ ଭାଗ୍ୟ ଖେଳଇ ସଦା ଦୋଳି।୨।

କେଉଁ ସମୟ ଦିଅଇ ଧକ୍କା
ଛିଡାଇ ସ୍ନେହ ଡୋର
କେଉଁ ସମୟ ସ୍ୱାଗତ କରେ
ନୂଆ ଶିଶୁର ସ୍ୱର
ସମୟ ବଳୀୟାନ
ସମୟ ଦେଖି ଚାଲିଲେ ବାଟ, ନିଶ୍ଚିତ ଜୟ ଜାଣ।୩।

ସମୟର ଏ ଜନମଦିନ
ଚେତାଇଦିଏ ପୁଣି
ଅନୁଭବରୁ ଶିଖିଲ ଯାହା
ସେ ତ ଅମୂଲ୍ୟ ମଣି
ସୁଖ ସ୍ମୃତିକୁ ନେଇ
ହରଷ ଚିତ୍ତେ ନୂଆ ଆଶାରେ ଯାଅ ଜୀବନ ବାହି ।୪।

ଏ ଶୁଭଦିନେ ଶୁଭକାମନା
ତୁମପାଇଁ ହେ ମିତ
ସଫଳତାର ଆଶୀଷ ସୁଧା
ଜୀବନ କରୁ ସିକ୍ତ
ଭରୁ ସୁଖର ବାସ
ସଭିଙ୍କ ପାଇଁ କାମନା ଆମ "ହର୍ଷିତ ନୂଆବର୍ଷ" ।୫।

ମମତା

ନୟନେ ନିଦ ଆସେ ଭରି, ମୋ ଧନର

ନୟନେ ନିଦ ଆସେ ଭରି, ମୋ ଧନର ।ଘୋଷା।

ଅଟକି ତୁ ଯା' ରେ ନିଦ କୁହୁକ ଲଗାଇ
ଅବେଳରେ ଧନ ମୋର ପଡିଗଲା ଶୋଇ
ଶ୍ରୀମୁଖ ତା ଦିଶୁଛି କିପରି, ମୋ ଧନର ।୧ ।

ନୟନ ଶଙ୍ଖାଳି ସେତ ରଙ୍କୁଣୀରତନ
ତା କୁନି ମୁହଁର ହସ ହୃଦୟଚନ୍ଦନ
ନିଦ ମୁହେଁ ହସ ଯାଏ ଭରି, ମୋ ଧନର ।୨ ।

ଆ' ଜହ୍ନମାମୁ ତୁହି ଟିକେ ତା' ସପନେ
ତୋ ରାଇଜ ଗପ ଯେତେ କହିଯା ତା' କାନେ
ଖୁସିରେ ତା ମନ ଉଠୁ ପୁରି, ମୋ ଧନର ।୩।

ଆସଗୋ ପବନ ନେଇ କୁସୁମ ସୁବାସ
ଛୁଇଁଯାଅ ଧନକୁ ମୋ ଦେଇ ସେ ପରଶ
ଆନନ୍ଦ ଅମୃତ ଯାଉ ଝରି, ମୋ ଧନର ।୪ ।

ହେ ଜଗତର ନାଥ ଟିକେ ତୁମେ ଆସ
ତୁମ କରୁଣା ଜଳରେ ମିଶାଇ ଆଶୀଷ
ଦିଅ ତାର କୁନି ଶିରେ ଢାଳି, ମୋ ଧନର ।୫ ।

ଅଂଶଟିଏ ମୋର

ତୋ ଆଖିକୁ ଚାହିଁଦେଲେ
ହଜିଯାଏ ମନ ମୋର ସରଗ ଦେଶରେ
ତୋ ମୁହଁକୁ ଦେଖିଦେଲେ
ଭୁଲିଯାଏ ଦୁଃଖ ଯେତେ ଶରୀର, ମନରେ।

କଥାରେ କଥାରେ ତୋର
ଖୁସି ଆଉ ଇଛା କିଛି ନୂଆ କରିବାର
ଆପେ ଆପେ ଗପିଦେଉ
ପଢି ନଜାଣି ବି ସବୁ କାହାଣୀ ବହିର।

ନିର୍ବୋଧ କାହାଣୀ କହି
ବହଲାଇ ଦେବାପାଇଁ ଚେଷ୍ଟା କଲେ କିଛି
ତୁ ଯେମିତି ବୁଝିଯାଉ
ଅଟକାଇ ଦେଉ ମତେ ନିଜେ କିଛି ପାଞ୍ଚି।

ଏ ଜୀବନେ ସ୍ୱତନ୍ତ୍ର ତୁ
ତୋ ପାଇଁ ପୂର୍ଣ୍ଣ ଲାଗେ ଏ ହୃଦୟ ମନ
ପ୍ରଚଣ୍ଡ ରୌଦ୍ର ତାପରେ
ସତେ ବୋଲିଦେଉ ତୁ ଶୀତଳ ଚନ୍ଦନ।

ତୋ ଶୁଦ୍ଧ ମନର ଜ୍ୟୋତି
ଆଲୋକିତ କରେ ମୋ ଭିତର ବାହାର
ପରିତୃପ୍ତି ଭରିଯାଏ
ତୋ ଭିତରେ ରହିଛି ଯେ ଅଂଶଟିଏ ମୋର ।

ତୁ ମୋ ଆଖିର ତାରା

ତୁ ମୋ ଆଖିର ତାରା
ସେ ତାରାର ଜ୍ୟୋତି, ଭରେ ପ୍ରାଣେ ଦୀପ୍ତି
ଉଛୁଳେ ସୁଖ ପସରା ।

ଉଜ୍ଜ୍ୱଳତା ତୋର, ଗାଏ କେତେ ଗାଥା
କେତେ ଯେ କାହାଣୀ କହେ
ସେଇଭଳି ଶିଶୁ ଦିନେ ଥିଲୁ ଆମେ
ସବୁ ମନେ ପଡିଯାଏ ।

ପ୍ରତି ହସ ତୋର କରେ ବିକିରଣ
ସୁଖର ଆଲୋକ ରେଣୁ
ଜୀବନରେ ମୋର ଅମୃତ ଭରଇ
ଦୁଃଖ ହଟିଯାଏ ମନୁ ।

କେତେ କରୁ ନାଟ, କରିଲେ ଆକଟ
ପାଖରୁ ଦଉଡି ଯାଉ
କ୍ଷଣେ ପୁଣି ଆସି, ପାଖରେ ତୁ ବସି
ଅନ୍ୟ କିଛି କଥା କହୁ ।

ତୋର ଆଲିଙ୍ଗନ, ମଲମ ସମାନ
ହୃଦୟ କ୍ଷତକୁ ଭରେ
ଅତି ମୂଲ୍ୟବାନ ରତ୍ନ ମୁଁ ପାଇଛି
ମୋ ଜୀବନ ପୂଣ୍ୟ ବଳେ।

ଈଶ୍ୱରଙ୍କ ପାଶେ ତୋର ଖୁସି ପାଇଁ
କରଇ ପ୍ରାର୍ଥନା ନିତି
କୃପାଜଳ ଢାଳି ଦିଅନ୍ତୁ ତୋ ଶିରେ
ଖୁସି ତୁ ରହ ଏମିତି।

ଟିକିମିକି ଦରୋଟି ହସରେ ତୋର

ଟିକିମିକି ଦରୋଟି ହସରେ ତୋର
ହସିଯାଏ ଦୁନିଆ, ମନ ଆମର;
ଅବୁଝା ଆଖିରେ ତୋ କେତେ ଯେ କଥା
ସତେ ମନ ପାଇଯାଏ ସବୁ ବାରତା
ତୁହି ସବୁ ସୁଖ ଆମର
ତୁହି ସବୁ ଖୁସି ଆମର । ଘୋଷା ।

ତୋ ହସରେ ଫୁଟିଯାଏ କେତେ ଯେ ଫୁଲ
ସେ ଫୁଲର ମହକ ତ ଅମୂଲ ମୂଲ
ପବନରେ ଭାସିଯାଏ ଦୂର ରାଇଜେ
ସବୁରି ମନକୁ ଛୁଏଁ କେତେ ସହଜେ
ସଂପର୍କର ଏହିଟି ମରମ ସାର
ଯେତେ ଦୂରେ ଥିଲେବି ଭାବେ ଅନ୍ତର ।

ତୋ ଲୁହରେ ଝରିପଡେ ଲକ୍ଷେ ମୁକୁତା
ବୋକ ଦେଇ କିଣି ତାକୁ କରେ ସାଇତା
ଛାତିତଳେ ଜାକି ଧରି ପାଏ ସରଗ
ସେ ବିଭବ ତୁଲେ ନାହିଁ ଆନ ବିଭବ ।
ଆମ ପାଇଁ ପ୍ରଭୁଙ୍କ ତୁ ଉପହାର
ତୋ ପାଇଁ ହସଇ ଆମ ସଂସାର ।

କୋଟିକୋଟି ଟଙ୍କା ସୁନା, ହୀରା ଗହଣା
ତୋ ମୁହଁର ହସ ସାଥେ ନୁହେଁ ତୁଳନା।
ତୋତେ ଦେଖି, ଶୁଣି ପାଏ ଯେତେ ଆନନ୍ଦ
ମିଳିବନି କିଣିବାକୁ ସେହି ସଂପଦ।
ଈଶ୍ୱରଙ୍କ ପାଖରେ ଅଳି ଆମର
ତୋ ଉପରେ ରଖନ୍ତୁ କୃପା ନଜର।

■

BLACK EAGLE BOOKS

www.blackeaglebooks.org
info@blackeaglebooks.org

Black Eagle Books, an independent publisher, was founded as a nonprofit organization in April, 2019. It is our mission to connect and engage the Indian diaspora and the world at large with the best of works of world literature published on a collaborative platform, with special emphasis on foregrounding Contemporary Classics and New Writing.

www.ingramcontent.com/pod-product-compliance
Lightning Source LLC
Chambersburg PA
CBHW060609080526
44585CB00013B/744
* 9 7 8 1 6 4 5 6 0 7 4 6 5 *